Como falar em público e encantar as pessoas

Como falar em público e encantar as pessoas

Dale Carnegie

SEXTANTE

Título original: *Stand and Deliver: How to Become a Masterful Communicator and Public Speaker*

tradução: Ângelo Lessa

preparo de originais: Juliana Souza

revisão: Hermínia Totti e Tereza da Rocha

projeto gráfico: Ana Paula Daudt Brandão

diagramação: Adriana Moreno

capa: Duat Design (Rodrigo Rodrigues)

impressão e acabamento: Associação Religiosa Imprensa da Fé

CIP-BRASIL. CATALOGAÇÃO NA PUBLICAÇÃO
SINDICATO NACIONAL DOS EDITORES DE LIVROS, RJ

C286c
Carnegie, Dale, 1888-1955
Como falar em público e encantar as pessoas / Dale Carnegie ; [tradução Ângelo Lessa]. - 1. ed. - Rio de Janeiro : Sextante, 2025.
192 p. ; 21 cm.

Tradução de: Stand and deliver
ISBN 978-85-431-1125-4

1. Oratória. 2. Falar em público. I. Lessa, Ângelo. II. Título.

25-100191.0 CDD: 808.51
CDU: 808.51

Carla Rosa Martins Gonçalves - Bibliotecária - CRB-7/4782

GMT Editores Ltda.
Rua Voluntários da Pátria, 45 – 14º andar – Botafogo
22270-000 – Rio de Janeiro – RJ
Tel.: (21) 2538-4100
E-mail: atendimento@sextante.com.br
www.sextante.com.br

Sumário

Introdução

SEJA BEM-VINDO A *Como falar em público e encantar as pessoas*! Você está prestes a conhecer um livro completo e *prático* sobre a arte e a ciência da oratória.

A Dale Carnegie Training® é líder mundial em programas de treinamento para quem deseja se tornar um mestre na oratória e vamos lhe oferecer as ferramentas necessárias para se tornar um palestrante excepcional no menor tempo possível.

Você vai aprender a preparar e organizar uma apresentação, seja ela de apenas cinco minutos diante de um grupo pequeno ou de meia hora para um auditório lotado. Você vai descobrir o que é fundamental não só para entreter seus ouvintes, mas também para informá-los, persuadi-los e *inspirá-los* a agir motivados pela sua mensagem. E talvez o mais importante de tudo: este livro vai lhe mostrar como perder de uma vez por todas o medo das apresentações orais.

Antes de começar, é bom que você tenha um breve panorama da organização deste livro. *Como falar em público e encantar as pessoas* é dividido em 12 capítulos, cada um deles focado em um princípio fundamental da boa oratória. As únicas exceções são os Capítulos 8 e 9, ambos dedicados ao conceito de persuasão.

Ao longo dos capítulos há diversas citações inspiradoras sobre o assunto. Algumas delas são da Antiguidade, ao passo que outras são bem mais recentes. Mas todas vão lançar luz sobre questões essenciais que todo profissional da área acaba encarando.

Além disso, você encontrará aqui "estudos de caso" sobre reconhecidos mestres da arte de falar em público. Esses subcapítulos contêm trechos das apresentações mais eficazes de cada um deles. Como você deseja se tornar um especialista em oratória, vale a pena ler esses trechos com bastante atenção. Perceba como alguns parecem formais e respeitáveis, enquanto outros soam mais descontraídos e antenados, mas todos transmitem aquela sensação de autoconfiança e autocontrole que é a marca registrada de um grande palestrante. Existem vários caminhos para atingir esse objetivo, mas todos levam a uma conexão profunda com o público. Essa conexão inspira os ouvintes não só a pensar e sentir, mas também a agir.

Escrever este livro foi um grande desafio. Vários aspectos da vida estão mais desenvolvidos do que nunca. Nossos atletas são melhores, nossos computadores são mais velozes e nossa expectativa de vida aumentou. Mas sejamos honestos: salvo poucas exceções, palestrantes notáveis ou mesmo competentes estão se tornando cada vez mais raros com o passar do tempo. Em parte por esse motivo, e também para evitar que este livro acabe ficando datado pela menção a personalidades que não ficarão marcadas na história, *Como falar em público e encantar as pessoas* frequentemente se baseia em situações e personalidades de um passado não tão recente.

Neste exato momento, talvez você pense que falar em público é um perigo a ser evitado ou um desafio a ser superado. Mas não se engane: quando terminar de ler este livro, você saberá que falar em público é uma oportunidade que deve ser aproveitada com alegria e da melhor forma possível. Ficará ansioso para expor suas ideias sempre que tiver oportunidade, e sua capacidade de se expressar com sinceridade e energia terá se transformado em um grande trunfo para sua carreira.

Tudo isso e muito mais esperam por você nas páginas que se seguem.

1
As ferramentas cruciais para fazer um discurso de impacto

DESDE O NASCIMENTO DA CIVILIZAÇÃO, falar bem diante de outras pessoas tem sido um desafio constante do ser humano. Isso foi especialmente verdadeiro na Grécia e na Roma antigas, mas o fato é que a habilidade de falar em público é muito valorizada desde os tempos bíblicos, e também por nativos americanos e pelas culturas da Índia e da China. Mas, embora seja fascinante saber disso, nosso intuito aqui não é dar uma aula de história. Portanto, logo de cara, vamos apresentar três ferramentas cruciais para criar uma apresentação impactante. São princípios atemporais utilizados por todos os grandes oradores da história, cada um à sua maneira. Ao combinar sua identidade única com esses princípios universais, você poderá se transformar num palestrante eficaz de maneira quase imediata. Portanto, leia com bastante atenção. O que você está prestes a aprender surtirá um efeito drástico não só na sua forma de se comunicar, mas também na forma como vê a si mesmo.

Os humanos são seres *falantes*. Começamos a falar quando acordamos e só paramos na hora de dormir – e alguns não param nem depois disso. Uma boa conversa é uma das grandes alegrias das relações sociais. Deveria ser como uma partida de tênis, na qual a bola é rebatida igualmente pelos jogadores e vai de um lado para o outro da quadra a todo momento. Mas os chatos são como golfistas, que só fazem bater na própria bola incessantemente.

Pessoas boas de conversa podem se tornar bons palestrantes. São sensíveis à presença dos outros. Estão sempre de antena ligada, captando sinais da plateia e reagindo a esses sinais durante a apresentação. Bons palestrantes sabem trocar ideias com seus ouvintes, da mesma forma que pessoas boas de papo fazem num ambiente social.

Mais especificamente, tanto o bom palestrante quanto o bom de papo reconhecem que as pessoas desejam alcançar reconhecimento mais do que qualquer outra coisa. Com frequência fazem perguntas do tipo "Você concorda?". Então fazem uma pausa e interpretam a resposta. Talvez a plateia fique em silêncio, arrebatada, assinta, sorria ou fique preocupada. Se estiver entediada, sempre encontrará maneiras de demonstrar, por mais que, por educação, procure esconder o que está sentindo. Se estiver interessada, também vai demonstrar. Como palestrantes, devemos ser envolventes, senão nem deveríamos ficar diante de uma plateia. Criar esse interesse é a tarefa do palestrante, seja ele um gerente de vendas numa concessionária, numa seguradora, numa imobiliária ou numa multinacional. Quando o interesse desaparece, a venda vai embora.

Temos a responsabilidade não só de criar um discurso que conduza o público a uma conclusão convincente, mas também de tornar os blocos de construção dessa conclusão o mais fascinantes possível. Dessa forma, prenderemos a atenção do público até o tão importante argumento final. Além disso, se desenvolvermos técnicas que façam as pessoas sentirem estar participando de uma conversa, transmitiremos a mensagem de que nos importamos com o que elas pensam e criaremos um clima para que nos aceitem da melhor forma.

Além de compreender as semelhanças que existem entre falar numa conversa e falar em público, você deve entender que existem diferenças significativas. É preciso dominar certas habilidades fundamentais que *criam a ilusão* de que sua apresentação é tão pessoal quanto uma conversa individual – mas você só consegue criar essa ilusão após se tornar um palestrante profissional. David Letterman tem a habilidade de falar com praticamente qualquer pessoa enquanto é assistido por 10 milhões de telespectadores. Ao mesmo tempo, ele conversa de forma tão casual que parece que está batendo papo no café do escritório. Bem, talvez você não considere David Letterman um grande palestrante, mas a verdade é que ele faz uso dos mesmos princípios que todo grande comunicador tem utilizado desde a Antiguidade.

E quais são esses princípios? Na verdade, o primeiro é bem óbvio, e talvez por isso mesmo muitos palestrantes pareçam esquecê-lo. Pode ser resumido em uma única frase: *Saiba do que está falando.* Estude o material a ponto de dominar o assunto. Não se contente em ter algum conhecimento sobre o tema – *seja um mestre nele.* Torne-se capaz de preencher cada segundo da sua apresentação com conteúdo de verdade. Quando alcançar esse patamar, 90% do seu trabalho estará feito antes mesmo de você ficar de frente para o público.

Dale Carnegie gostava de dar o exemplo de Luther Burbank, um grande cientista e provavelmente o maior botânico da história. Certa vez, Burbank disse: "Em diversas ocasiões, cultivei um milhão de plantas para encontrar uma ou duas realmente boas, e depois destruí todos os espécimes inferiores." Uma apresentação deve ser preparada com esse mesmo espírito ostensivo e seletivo. Reúna 100 pensamentos e descarte 90 – ou até 99. Colete mais material, mais informações do que você poderia usar na apresentação. Faça isso para se sentir mais confiante e seguro. Faça isso pelo efeito que terá na sua mente, no seu coração e na sua forma de falar. Esse é um fator primordial no estágio de preparação. Apesar disso, os palestrantes quase sempre o ignoram. O Sr. Carnegie acreditava que os palestrantes devem ter 40 vezes mais conhecimento do que aquele que citam na apresentação!

Obviamente, conhecer um único tema a fundo é muito mais prático do que tentar dominar diversos assuntos. Vendedores profissionais, especialistas em marketing e mestres da propaganda sabem a importância de vender uma coisa de cada vez. Só catálogos conseguem oferecer uma infinidade de itens na mesma leva. Seja num discurso de cinco minutos ou num discurso longo, é importante tratar de um único tema, e, como um bom vendedor, você deve apresentar o problema e depois dar a solução. No fim, o problema é reafirmado, e a solução, rapidamente sintetizada.

Sua frase de abertura deve prender a atenção. Por exemplo, você pode dizer: "Os cientistas do mundo todo concordam com o fato de que os oceanos estão morrendo." Uma frase certamente intrigante, que atrai o interesse de imediato e faz todos pensarem: "Nossa, isso deve ser o presságio do fim do mundo! O que estamos fazendo para evitar isso?"

Se você usar uma autoridade reconhecida internacionalmente como referência – alguém como o falecido Jacques Cousteau, por exemplo –, estará oferecendo evidências de que sua frase de abertura é verdadeira. Em seguida você pode elencar, de maneira resumida, as formas de evitar esse desastre. No fim, é uma boa ideia dizer algo como: "É verdade, os oceanos estão morrendo, mas se conseguirmos somar os esforços de toda a humanidade, influenciar todos os países costeiros a adotar leis de controle à poluição marítima causada por navios petroleiros..." Dessa forma, você termina com um tom de esperança e ao mesmo tempo estimula todos os ouvintes a defender sua causa.

Claro que nem sempre o assunto será um problema social. Talvez você esteja falando sobre uma viagem de pesca feita recentemente. Nesse caso, o ideal é lembrar algo curioso que tenha acontecido e começar a contar a história a partir desse ponto. Talvez abrir a palestra dizendo: "A truta-arco-íris é um dos peixes mais interessantes de se pescar do planeta." Você vai prender muito mais a atenção e estimular o interesse assim do que se começar dizendo: "Quero falar com vocês sobre a minha última viagem de pesca." Depois de iniciar falando sobre o peixe que tentou fisgar, você pode contar o resto da história. "Duas semanas atrás, John Cooper e eu decidimos testar a sorte no rio White, perto de Carter, Arkansas. É um dos lugares mais bonitos do país..." Continue falando sobre a viagem e a truta-arco-íris, que é a heroína da sua história, e diga como ela ficou saborosa assada numa fogueira à margem do rio. No fim, para criar um elo mais forte entre as pessoas e o assunto, você pode dizer algo como: "Se você nunca pescou truta, eu recomendo. É uma das melhores formas de esquecer os problemas, desanuviar e enxergar as coisas sob outra perspectiva. E quando você fisga uma truta-arco-íris, nossa... É uma das maiores emoções que existem!"

Cuidado com os pronomes pessoais. Mantenha-se fora da história o máximo possível. Na narrativa da pesca, por exemplo, fale sobre o peixe, sobre a paisagem linda, sobre as pessoas que estavam com você, sobre um ou dois acontecimentos divertidos, mas não fique dizendo "Eu fiz isso" e "Eu fiz aquilo". O objetivo da conversa não é falar sobre si mesmo, mas a respeito do assunto em pauta.

Existe um provérbio que diz que pessoas pequenas falam sobre coisas, pessoas medianas falam sobre pessoas e pessoas brilhantes falam sobre ideias. Quase sempre, o que você está vendendo é uma ideia, mesmo que esteja falando simplesmente sobre pintar a casa. Nesse caso, a ideia é a boa aparência ou a proteção da casa. Na história da viagem de pesca, a ideia é sair do cotidiano e ir atrás de uma pescaria empolgante. Uma ideia bem desenvolvida é fundamental.

Uma pintura linda é criada a partir de milhares de pinceladas. Cada uma delas contribui para o resultado final. O mesmo princípio se aplica a uma boa fala.

Quando palestrantes – sobretudo os inexperientes – preparam um discurso, o maior medo que sentem é o de não ter material suficiente para sustentar sua fala até o final. A maioria das pessoas teme que o assunto acabe no meio da apresentação, mas reage a esse medo de forma incorreta: "enchendo linguiça". Tentando resumir sua história de vida nos 15 minutos a que têm direito. A apresentação de fato fica mais longa, mas, em vez de crescer de verdade, apenas incha. Essa é uma armadilha especialmente perigosa para os mais inexperientes, pois em geral acontece de forma inconsciente. O princípio de que devemos saber tudo a respeito do assunto não significa que precisamos de fato falar tudo o que sabemos. Você só deve dizer o suficiente para preencher seu tempo de maneira eficaz. Com isso, deixa a plateia com um gostinho de quero mais, e, se de fato domina o assunto, todos saberão que você *tem mais* a oferecer. Você projeta um conhecimento que está acima e além das palavras que disse.

Para alcançar esse nível de domínio, você deve começar a se preparar de 10 dias a duas semanas antes do evento. Para iniciar a preparação, sente-se com um lápis e uma folha de papel por 20 minutos – nem mais, nem menos – e escreva pelo menos 50 perguntas sobre o assunto. Cinquenta é o mínimo, mas o ideal é tentar escrever o máximo possível. Escreva as perguntas o mais rápido que puder.

Não pense muito. É por isso que o limite de 20 minutos é importante. Esse estágio da preparação é um sprint, não um passeio lento pela sua biblioteca mental.

Nessa sessão de 20 minutos você estará criando um esboço da sua fala – e vale salientar a importância de fazer isso na forma de perguntas. Pesquisas mostram que esse formato é muito mais estimulante para o cérebro do que um esboço convencional, e, como você não vai responder às perguntas nessa etapa, pode concluí-lo muito mais rápido. As respostas virão mais tarde, em outras sessões mais próximas do dia da sua apresentação.

Vou repetir: sua primeira sessão deve ter apenas 20 minutos, e você deve realizá-la à moda antiga, com um lápis e uma folha de papel.

Na segunda sessão, você vai começar a fornecer as respostas para suas perguntas e também evidências para suas ideias. Nesse ponto o computador se torna uma ferramenta essencial. Comece criando um documento com suas perguntas – novamente, deve haver *pelo menos* 50 perguntas – e digite respostas rápidas para cada uma delas, com base apenas no seu conhecimento. Escreva da mesma forma que falaria se estivesse conversando à vontade com um grande amigo. Diferentemente da primeira sessão, você não precisa se limitar a 20 minutos, mas também não precisa se sentir forçado a responder a todas as perguntas. Responda até achar que está ficando cansado. Resista à tentação de usar a internet para procurar informações. Você vai poder fazer isso mais à frente. Nesse exato momento, sua tarefa é lembrar tudo o que sabe sobre o assunto, o que provavelmente é *muito mais* do que você acha que sabe.

Talvez você precise de várias sessões para responder a todas as perguntas que anotou, mas isso não é um problema, desde que comece a fazer isso pelo menos 10 dias antes da apresentação. De qualquer forma, termine de responder às perguntas três ou quatro dias antes da apresentação. Nas últimas sessões, você pode usar a internet para pesquisar fatos e números, no intuito de incrementar as informações anotadas. Lembre-se, na hora H não é preciso falar tudo o que sabe sobre o tema. O ideal é alcançar domínio total do assunto, o que é benéfico não só para a plateia como também para você. Ter domínio do assunto faz você se sentir confiante no papel de autoridade. Não é preciso demonstrar isso com as palavras que saem da sua boca. Portanto, escolha as informações pertinentes e impactantes que deseja apresentar. Pense no seu discurso como um jantar especial que está preparando em casa para convidados especiais. Não pense nele como um bufê com tudo incluído.

Em algumas apresentações, você terá pouca ou nenhuma informação prévia, e outras vezes será o contrário. Por exemplo, se estiver falando sobre a própria vida ou carreira, você terá vasto material. Seu problema será selecionar e organizar as informações. Não tente encaixar tudo na apresentação, porque isso será impossível, e sua fala acabará sendo superficial e desconexa. Por outro lado, se estiver falando sobre um assunto com o qual não tem muita familiaridade, evite disfarçar essa falha com excesso de pesquisas. Seja honesto consigo mesmo e com o público a respeito de seu pouco conhecimento. Não precisa dizer com todas as letras que é um ignorante no assunto, mas também não finja que é especialista. O melhor é escolher um aspecto do tema e se concentrar nele. Evite que sua fala pareça abstrata demais. Dê muitos exemplos e faça comentários pessoais e revelações sempre que possível. Relate situações específicas que você observou de modo que essas situações revelem princípios gerais. Seu objetivo deve ser sempre compartilhar seu ponto de vista autêntico. Talvez esse ponto de vista seja o de um aprendiz extremamente motivado ou o de um professor totalmente experiente, confiável e empático. Ao mostrar que está sendo autêntico, você conquistará a boa vontade das pessoas.

Até aqui, aprendemos a criar o conteúdo da sua fala. Agora você provavelmente está se perguntando como organizar as informações no tempo disponível. Deve estar se perguntando como transformar todas essas informações numa apresentação coerente. Se você é como a maioria das pessoas, está especialmente preocupado em garantir que não vai travar diante do microfone. Não é melhor memorizar tudo o que você vai dizer, ou pelo menos parte disso? Não é melhor anotar?

Não, certamente não é melhor memorizar toda a sua apresentação ou parte dela, e não, não é melhor anotar. Se fizer isso, você vai passar a impressão de que está simplesmente lendo um texto, não falando. Mais à frente falaremos sobre modelos para organizar apresentações de diversas durações. Esses modelos são ferramentas valiosas, mas a técnica que abordaremos agora é algo muito diferente. Vamos falar da técnica do *ensaio*.

O ensaio da apresentação deve ocorrer de duas maneiras, e a primeira se passa dentro da sua cabeça. Conforme dá seguimento à sua preparação escrita, você deve sempre revisitar, revisar e ensaiar sua fala mentalmente. Isso significa pensar e *re*pensar o assunto por pelo menos 10 dias. Pense nele assim que acordar. Pense nele mais um pouco antes de dormir. Repasse-o enquanto toma café da manhã e de novo quando estiver a caminho do trabalho. Perceba as novas ideias que surgirão ou quais ideias antigas parecerão não funcionar mais.

Pense nos ouvintes, nas expectativas deles e também nas suas expectativas. Quais são seus objetivos nessa apresentação? Você quer informar, inspirar, entreter, persuadir – ou tudo isso ao mesmo tempo? Pense no espaço físico onde acontecerá a apresentação. Qual é o tamanho do lugar? Quantas pessoas cabem lá e quantas estarão presentes de fato? Qual é o seu nível de influência sobre esses detalhes práticos? Por exemplo: se o grupo for pequeno, é melhor não fazer a apresentação em um auditório grande. Quando se concentra nessas questões com antecedência, você garante que sua apresentação alcançará o objetivo.

Identifique claramente seu tema e seu objetivo, depois deixe o processo criativo assumir o controle. A partir daí, comece a ensaiar a apresentação em voz alta. O carro é um ótimo lugar para fazer isso, mas você também pode tentar em casa, diante de um espelho. Sinta o ritmo das palavras e frases. Corrija e refine sua fala, tanto em relação ao conteúdo quanto ao tempo que está gastando. Se for inexperiente, saiba que estimar a duração de uma apresentação pode ser uma tarefa traiçoeira. Apesar do medo comum de ficar sem ter o que dizer diante da plateia, a maioria das pessoas tem mais material para usar do que imagina. Claro que é melhor ter de mais do que de menos, mas esse excesso pode atrapalhar seu ritmo. Apresentações quase sempre demoram mais tempo que necessário para que as informações sejam transmitidas.

Tudo isso é apenas um tipo de ensaio – o ensaio individual, feito sozinho. Você também deve ensaiar sua apresentação com seus amigos. Peça a um deles que assista a um ensaio, ou pelo menos converse com ele sobre o tema. Nesse caso, faça com que a apresentação seja o assunto principal da conversa pelo máximo de tempo possível. Preste bastante atenção à forma como as pessoas reagem a diferentes frases e ideias.

Conforme fizer esses ensaios ao vivo, você verá que uma estrutura começará a se desenvolver. O ideal é que isso aconteça de forma orgânica, mas é bom organizar sua fala de maneira consciente com base em um dos modelos que veremos adiante. Lembre-se do que palestrantes experientes chamam de regra do três. Resumidamente, isso significa dividir a apresentação em três seções principais. Cada seção tem três subseções. Dependendo do tempo disponível, cada uma dessas subseções terá três outras seções, e por aí vai. Por algum motivo, essa prática de dividir em três cria um fluxo natural, e vale a pena tirar o máximo de proveito disso.

Seus ensaios vão lhe mostrar como é importante ter uma abertura e um encerramento fortes. E, conforme você logo verá, existem muitas ferramentas para começar bem uma apresentação, mas em geral você deve contar às pessoas sobre o que vai falar e qual é seu propósito. Elas precisam sentir que a apresentação é importante para você e, certamente, também para elas. Essa é sua primeira tarefa. No fim, uma citação inspiradora ou uma estatística impressionante são sempre boas escolhas. Dê às pessoas um último elemento sobre o qual pensar e falar. Use os ensaios para testar diferentes formas de encerrar a apresentação e peça feedbacks honestos.

Existe uma frase conhecida que cabe nesse contexto: "Diga a eles o que você vai dizer, então diga e, depois de tudo, fale sobre o que você disse." Uma apresentação estruturada dessa forma terá começo, meio e fim. Mas você ainda não acabou. Longe disso. Já falamos sobre como criar conteúdo e começamos a explorar formas de estruturar sua apresentação. Agora vamos falar sobre a apresentação em si. O conteúdo e a organização são importantes, mas, como Dale Carnegie gostava de dizer, "uma convicção profunda conta mais do que uma lógica inabalável, e entusiasmo vale mais do que conhecimento".

Se você já assistiu a um debate ou escutou dois adolescentes discutindo, provavelmente notou um ponto fundamental: nem sempre quem apresenta os fatos e números sai vencedor. Em vez disso, ganha quem soa melhor, a pessoa que apresenta tão bem um argumento que ele parece verídico, mesmo que não seja.

Vamos dar uma atenção especial a esse aspecto da apresentação em si. Se você nunca falou em público antes, provavelmente terá uma forte sensação em particular quando tentar pela primeira vez. Se já tem experiência, mesmo assim, preste bastante atenção, porque isso também vai acontecer com você. Veja, quando fizer uma apresentação em público pela primeira vez, você vai falar como sempre faz. Vai usar as mesmas palavras e frases que já usou antes na vida – mas vai estar simplesmente dizendo coisas, em vez de *falar* num sentido profissional. Você vai comunicar informações, mas não *enunciá-las* de forma significativa e poderosa.

Certa vez, Dale Carnegie descreveu um exemplo claro desse fenômeno. Estava num hotel na Inglaterra que contratava palestrantes para, semanalmente, entreter e instruir seus hóspedes. Uma dessas pessoas era uma famosa escritora britânica, e o tema de sua apresentação era "O futuro do romance". Embora fosse excelente em seu ofício, logo ficou claro que falar não era seu forte. Ela admitiu de cara que não tinha escolhido aquele tema e não havia nada que considerasse importante a dizer sobre ele. Havia feito apenas algumas anotações desconexas. Com esses papéis em mãos, ficou diante da plateia, mas ignorando todos ali – nem sequer os encarava, às vezes olhava por sobre a cabeça dos presentes, às vezes para as anotações, outras vezes para o chão. Ela fez a apresentação se limitando a pronunciar as palavras em direção a um vazio absoluto, com um olhar e um tom de voz distantes.

Dale Carnegie logo percebeu que aquilo estava longe de ser uma apresentação – era apenas um monólogo. A escritora não conseguiu estabelecer um elo com a plateia, e esse elo é a essência de uma apresentação eficaz. Os ouvintes devem sentir que há uma mensagem saindo da mente e do coração do palestrante e indo direto para o coração e a mente deles. Mas como exatamente isso acontece?

A arte conhecida como oratória ou retórica é inútil para os nossos propósitos hoje em dia. A oratória antiga, na qual a pessoa lança mão de todo tipo de artifício verbal durante a apresentação, simplesmente não funciona mais. A audiência moderna – seja ela de apenas 15 pessoas numa sala de conferência, mil pessoas numa arena ou milhões assistindo à TV – quer ouvir pessoas que falem de forma direta e pessoal. Quer que uma apresentação ofereça o mesmo nível de intimidade que uma conversa particular. E os ouvintes querem mais. Pode parecer um paradoxo, mas eles querem que essa troca íntima também seja poderosa – e essa é uma tarefa complicada. De alguma forma, você precisará fazer com que algo que é bastante artificial pareça a coisa mais natural do mundo.

Alguns livros vão lhe dizer que basta entrar em contato com suas emoções mais profundas e seus sentimentos mais fortes. Embora seja importante levar em conta o assunto sobre o qual você vai falar, o segredo para uma fala excepcional tem mais a ver com a mente do que com o coração. Criar uma conexão com seus ouvintes é um processo racional, não emocional. Pode *parecer* emocional, e certamente deveria ser. Mas acontece que, assim como numa mágica, o que você vê é apenas parte do que está de fato acontecendo.

Sempre foi assim com todo tipo de arte. Obras-primas como a *Mona Lisa* de Leonardo da Vinci ou o *Davi* de Michelangelo parecem seres vivos, mas na verdade são baseadas em um conhecimento matemático das formas e proporções humanas. Até a stand-up comedy precisa estabelecer certos ritmos que são tão previsíveis quanto a hora em que seu despertador vai tocar. Você pode aprender muito sobre como falar em público com eficácia adotando uma visão cientificamente analítica. Quando tiver total controle sobre essa perspectiva, você perceberá que as emoções se resolvem por conta própria.

O primeiro princípio a ser considerado para se fazer uma apresentação de impacto é o da escolha das palavras a enfatizar. O significado de qualquer frase se baseia muito mais na ênfase dada às palavras do que nas definições que elas têm no dicionário. E é fácil provar isso. Pense em qualquer frase e repita-a diversas vezes, mas em cada uma delas enfatize uma palavra diferente. Você verá que o significado muda completamente. E tem mais: algumas versões são muito mais convincentes e interessantes do que outras.

Você pode testar essa premissa numa apresentação. Leia a frase a seguir sem enfatizar nenhuma palavra:

"Eu fui bem-sucedido em tudo o que comecei porque fui determinado. Eu nunca hesitei, e isso me deu certa vantagem sobre o resto da humanidade."

Nessa primeira vez a ênfase foi uniforme ao longo de toda a frase. Como nenhuma das palavras foi enfatizada, você não transmitiu nenhum sentimento ou ponto de vista. Agora leia a frase de novo, desta vez enfatizando as palavras-chave em itálico:

"Eu fui *bem-sucedido* em tudo o que comecei porque fui *determinado*. Eu *nunca* hesitei, e isso me deu certa vantagem sobre o resto da humanidade."

Perceba, por exemplo, como a ênfase na palavra *nunca* dá uma carga dramática à frase. A ênfase em *nunca* hesitar sugere que há uma batalha contra a hesitação. Aliás, dá a entender que essa batalha está acontecendo no momento; se não estivesse, por que colocar tanta energia em *nunca*? A ênfase em determinadas palavras é que dá significado à frase. Se você pronuncia todas as palavras com o mesmo peso, o significado delas pode diminuir ou até desaparecer. Portanto, conforme ensaia, procure testar diferentes variações de ênfase para alcançar exatamente o efeito desejado.

Além de mudar a ênfase nas palavras, você deve variar o tom de voz. A ênfase depende do volume da voz, mas o tom é uma questão de timbre. Durante uma conversa, nosso tom de voz vai mudando – ele sobe e desce. Isso é perfeitamente natural, e o resultado é agradável. Então por que será que, assim que se colocam diante do microfone, certas pessoas ficam com a voz entediante e monótona? Existem duas respostas. Primeira: elas estão tensas, ou até amedrontadas. Segunda: elas não sabem que isso está acontecendo, ou até sabem, mas não conseguem controlar. Mais uma vez, a solução é fazer com que seu tom de voz seja uma escolha consciente, em vez de um processo inconsciente.

Quando perceber que está falando num tom monocórdico – e em geral esse tom será agudo –, faça uma pausa por um segundo e diga a si mesmo: "Não estou falando do jeito que costumo falar normalmente. Me deixei cair no tom de voz contraído de uma pessoa inexperiente. Preciso voltar a ser quem sou de verdade verbalmente."

Além da ênfase e do tom de voz, a velocidade da fala é fundamental. Para provar isso, Dale Carnegie citou o seguinte trecho de uma biografia de Abraham Lincoln:

"Lincoln falava várias palavras com muita rapidez, chegava à palavra ou ao trecho que queria destacar e deixava sua voz se demorar para dar destaque ao que queria. Depois, prosseguia até o fim da frase como um raio. Para pronunciar uma ou duas palavras que queria enfatizar, levava o mesmo tempo que usava para falar a meia dúzia de palavras seguintes."

É possível obter inúmeros efeitos variando a velocidade das palavras. Imagine, por exemplo, que você diga "trinta milhões de reais" normalmente, como se fosse uma quantia de dinheiro trivial. Talvez de fato seja algo corriqueiro para a diretoria de algumas empresas, ou em audiências no Congresso. Nesse contexto, as palavras "trinta milhões de reais" são ditas com pressa, como se não fossem nada. Mas agora diga "Triiiiintaaaaa miiiiiilhõõõõõõõões de reaaaaaaaais", alongando cada sílaba. Agora parece muito mais dinheiro. Quando simplesmente demoramos mais para dizer as palavras, é quase como se aumentássemos o valor. Ainda assim, as palavras que você pronunciou foram as mesmas nos dois casos.

A esta altura, tenho certeza de que você está começando a perceber que qualquer um é capaz de causar um grande impacto com sua fala, desde que esteja ciente tanto dos obstáculos quanto das ferramentas para superá-los. O objetivo deste capítulo foi começar a conscientizá-lo disso, e avançamos bastante nesse sentido. Apresentamos os princípios básicos da preparação, destacando o poder de um esboço baseado em perguntas e respostas para alcançar o domínio do assunto. Mencionamos a utilidade dos computadores e das pesquisas na internet, e também a necessidade de pensar independentemente dessas tecnologias. Tratamos de como ensaiar sua apresentação em voz alta, tanto diante de amigos quanto sozinho, tendo apenas você mesmo como plateia. Por fim, vimos como variáveis técnicas – como a ênfase, o tom de voz e a velocidade – podem tornar uma apresentação muito mais poderosa e impactante.

Todos esses conceitos são importantes. Se você dominá-los e conseguir aplicá-los, vai se tornar um palestrante extremamente eficaz, mesmo que não leia o restante deste livro. No entanto, estamos apenas começando. Existe tanta coisa para aprender sobre como falar em público (e os benefícios desse aprendizado são tão grandes) que você vai querer continuar a leitura assim que possível. Lembre-se: ninguém conhecia melhor este assunto do que Dale Carnegie, e em nenhum outro lugar você encontrará mais informações do que neste livro.

■ ■ ■

No Capítulo 2, você descobrirá por que, para fazer uma apresentação de grande impacto, você precisa, acima de tudo, ser você mesmo.

■ ■ ■

Para cada discurso que você faz, na verdade existem três:
o que você treinou, o que você fez e o que você queria ter feito.
– Dale Carnegie

Geralmente demoro mais de três semanas
para preparar um discurso de improviso.
– Mark Twain

Seja sincero, seja breve e sente-se.
– Franklin D. Roosevelt

2

O que todo ouvinte quer de verdade. O que todo palestrante precisa saber

Um número surpreendentemente pequeno de conceitos serve de alicerce a todos os discursos eficazes. Um desses conceitos pode ser o pilar da eficácia pessoal em qualquer cenário e é expresso em apenas quatro palavras. São as quatro palavras gravadas na entrada da escola de filosofia da Grécia antiga, que desde então têm sido a base para toda a sabedoria. As palavras mágicas são: *Conhece-te a ti mesmo*. Isso porque enquanto você não souber quem é de verdade, não será capaz de compreender o mundo ao seu redor. E certamente não vai conseguir ser um palestrante eficaz.

Para entender o que acontece, vamos ver o caso dos dois homens que tornaram este livro possível: Dale Carnegie e Earl Nightingale. Ambos foram oradores extraordinários, mas alcançaram esse patamar por caminhos diferentes. Dale Carnegie cresceu numa fazenda no Missouri. Seu estilo de fala refletia suas raízes pés no chão de nativo do Meio-Oeste americano. Embora fosse obviamente inteligente e culto, ele parecia e soava como uma pessoa qualquer, não como um professor universitário ou um político. Carnegie era essa pessoa.

Earl Nightingale, por outro lado, era dotado de uma voz que parecia a de um profeta do Antigo Testamento. Durante mais de 30 anos, suas locuções de rádio diárias prenderam a atenção de milhões de ouvintes, em parte porque era simplesmente impossível ignorar sua voz. Ele era como a personificação da sabedoria. Earl Nightingale tinha um estilo de fala totalmente diferente do de Dale Carnegie, mas que funcionava igualmente bem porque ele se expressava de forma autêntica.

Você provavelmente sabe quais são os benefícios de falar com naturalidade. Mas talvez não saiba quem é o seu verdadeiro eu. É por isso que o primeiro passo para "conhecer a ti mesmo" deve ser fazer uma autoavaliação perspicaz. Como, por exemplo, você descreveria seu estilo de interação? Você é naturalmente reservado, prefere que os outros comandem a conversa? Ou é mais extrovertido e acessível? É um analista, tem o pensamento mais lógico ou gosta de contar histórias e anedotas para transmitir suas ideias? Como você descreveria sua aparência física? Você demonstra ser uma pessoa expansiva e sociável com sua postura corporal e sua voz ou não é do tipo que atrai muita atenção de imediato?

Uma boa maneira de pensar nessas questões é observando alguns oradores conhecidos que você admira. Dale Carnegie e Earl Nightingale eram ótimos, mas em parte porque o estilo deles estava em perfeita sincronia com os tempos em que viveram. A organização Dale Carnegie é bem-sucedida porque se manteve na vanguarda das técnicas de aprendizado e treinamento. Você deve fazer o mesmo para encontrar os modelos que quer seguir. Nos capítulos adiante falaremos sobre Winston Churchill e Abraham Lincoln, mas também sobre Bill Clinton e Jerry Seinfeld. Você vai querer basear seu estilo em qual dessas personalidades? Qual deles não tem *nada* a ver com você? Como pinçar uma característica que você admira de um e combinar com uma qualidade de outro com o objetivo de criar um estilo próprio, único e original?

Essas perguntas não têm resposta certa ou errada. O único equívoco que você pode cometer ao respondê-las é o de não ser sincero. Essa é a boa notícia. A má notícia é que quase *todo mundo* incorre nesse erro. Veja bem, quando as pessoas precisam ficar de pé diante de uma plateia, é possível que duas emoções falsas enganem sua autopercepção. A primeira delas é a esperança e a segunda é o medo. A segunda é muito mais comum do que a primeira, mas vamos começar analisando como uma *expectativa muito alta* pode desestabilizar sua fala tanto quanto a preocupação e a ansiedade.

Algumas pessoas passam a vida inteira esperando para mostrar ao mundo como são interessantes. Se você é uma delas, ótimo, porque não tenho dúvida de que você é realmente interessante. Estou certo de que tem coisas ótimas a dizer e de que todos vão se beneficiar ao ouvi-lo. Apesar disso, é importante nunca presumir que as pessoas vão ouvir qualquer coisa que você disser. Sim, elas querem ouvi-lo. E o mais importante, querem *gostar* de você – mas também querem que você faça por merecer o interesse e o afeto delas. Elas desejam ser conquistadas. Mesmo que estejam absortas enquanto o ouvem, querem saber que o foco ainda está *nelas*. Portanto, se você mal pode esperar para pegar o microfone e começar a falar, fico feliz, porque essa sensação é ótima. Mas é sempre bom lembrar um princípio fundamental de todos os treinamentos de Dale Carnegie: *o assunto favorito de qualquer pessoa é sempre ela mesma*. Sua tarefa, então, é equilibrar sua autopercepção positiva e sadia com o interesse próprio de seus ouvintes.

Vejamos um exemplo real. O ex-presidente americano Bill Clinton é um orador excepcional e um excelente exemplo de como "ser você mesmo" na frente de uma plateia. Seu ponto forte são as sessões de perguntas e respostas, em que ele exibe uma combinação impressionante de conhecimentos factuais com uma forte conexão pessoal. Mas no começo não era assim, longe disso. Na Convenção Nacional Democrata de 1988, o então jovem governador do estado do Arkansas proferiu um discurso em que exagerou não só no entusiasmo, mas também no tempo. Nitidamente Clinton estava tão deslumbrado com sua primeira experiência sob os holofotes do país inteiro que perdeu a noção de tudo. Após falar por cerca de 40 minutos, disse algo como "Agora, para encerrar...", e a plateia começou a aplaudir. Alguns chegaram a especular que Clinton poderia ter entrado na corrida presidencial já em 1988, mas esse discurso mostrou que ele precisava estar um pouco mais preparado. Sua ânsia em se fazer ouvir era uma boa qualidade dele, mas a verdade é que todo excesso, até do que é bom, é prejudicial.

Enquanto Bill Clinton estava ansioso para mostrar ao mundo quem era, muitos palestrantes estão determinados a mostrar quem não são. A personalidade deles no palco é determinada pela ausência do negativo, não pelo positivo. A prioridade deles é não serem cansativos, não serem confusos, não serem entediantes. Um dos princípios fundamentais da oratória eficaz é: não peça desculpas. Isso significa mais do que simplesmente evitar dizer "Me desculpe".

Significa que você não deve pisar no palco com a postura de quem não merece estar ali nem tentar conquistar seus ouvintes falando sobre seu nervosismo ou dizendo que não é digno de estar ali fazendo uma apresentação. Talvez você pense que demonstrar humildade é um caminho para conquistar seus ouvintes, mas também existe uma grande possibilidade de eles simplesmente concordarem com sua autodepreciação.

Para falar em público, assim como em qualquer outra área da vida, pode levar certo tempo até que você descubra seu verdadeiro eu. É possível que alterne apresentações superentusiasmadas com outras excessivamente contidas. Mas tenha em mente que ninguém nasce um grande orador: você *se torna* um grande orador. Desenvolver essa capacidade é uma arte criativa, assim como pintar ou esculpir. A única diferença é que *você* é, ao mesmo tempo, o artista e a obra.

Mas isso não é tudo. Falar em público também é uma ciência, e teve até alguns axiomas comprovados ao longo do tempo. Talvez você precise usar o método de tentativa e erro para desenvolver a arte de falar em público, mas rapidamente pode se tornar um palestrante capacitado. Para manter o foco deste capítulo, vamos observar os princípios fundamentais que todos os grandes palestrantes usam e nos quais confiam.

Um dos axiomas das apresentações é simples. Não se contente em tornar sua apresentação interessante – faça com que ela seja a *mais* interessante a que sua plateia já assistiu. Não é tão difícil. Tudo o que você precisa fazer é falar sobre o assunto que seus ouvintes consideram mais fascinante que qualquer outro.

E que assunto irresistível é esse? Bem, um dos oradores que Dale Carnegie mais admirava era Russell Conwell. Seu discurso mais conhecido, que ele batizou de "Acres de diamantes", foi proferido quase 6 mil vezes. Talvez você pense que uma fala repetida tantas vezes se cristalizaria na cabeça da pessoa, que não haveria variação de palavra nem de entonação. Mas não era isso que acontecia. Russell Conwell sabia que nenhuma plateia era igual a outra e que, portanto, precisava fazer com que cada grupo sentisse que ele estava falando só com eles, e que ninguém tinha ouvido aquela mensagem antes. Como Conwell fazia isso de uma apresentação para a seguinte? "Quando visito uma cidade, tento chegar o mais cedo possível para falar com um barbeiro, um gerente de hotel, um diretor de escola e alguns pastores", escreveu ele. "Depois, vou até as lojas e falo com as pessoas. Passo a conhecer a história delas e a saber sobre as oportunidades que tiveram. Por isso, quando discurso, sei exatamente como falar cada frase. Mesmo que a mensagem seja a mesma que transmiti em todas as minhas apresentações anteriores, o discurso que eu faço naquela cidade é totalmente único."

Uma comunicação é bem-sucedida quando o palestrante consegue fazer com que sua fala se torne parte dos ouvintes – e também com que os ouvintes se tornem parte da fala. É por isso que não existe um texto definitivo para "Acres de diamantes", apesar de ser um dos mais conhecidos de todos os tempos.

Tenha esse exemplo em mente conforme você se prepara para falar em público. Procure descobrir as características daquela plateia específica. Mencione pessoas e assuntos locais durante a apresentação. O público ficará interessado porque vai parecer que o discurso é sobre eles – sobre os interesses *deles*, os problemas *deles*, os sonhos e as esperanças *deles*. Nunca esqueça que, acima de tudo, seus ouvintes estão interessados em si mesmos. Ao criar um elo entre esse interesse e o tópico de sua fala, seja ele qual for, você prende a atenção das pessoas. Portanto, o axioma número um é: qualquer que seja o assunto sobre o qual você está falando, conecte-o diretamente ao interesse próprio dos seus ouvintes.

O segundo axioma também é focado em valorizar seu ouvinte, mas de uma forma sutil e irresistível. Não há nada de desonesto nele, até porque você estará sendo totalmente sincero. Resumindo, você deve expressar gratidão genuína pela oportunidade de falar.

As plateias são compostas de indivíduos, e eles reagem como indivíduos. Se você criticá-los de forma aberta, naturalmente eles vão ficar ressentidos. Mas se demonstrar reconhecimento por algo que fizeram, você conquistará o coração deles. Independentemente de quanto conheça um grupo específico de ouvintes, você *sabe* que eles pediram que você falasse. Portanto, demonstre gratidão por isso. Descubra uma maneira criativa de expressar tanto sua empolgação quanto sua sinceridade. Veja bem, não importa se, individualmente, os membros da plateia são ingênuos ou simplórios. *Enquanto grupo*, eles são incrivelmente perceptivos. Uma frase hipócrita ou falsa pode enganar uma pessoa, mas se você estiver falando diante de um grupo grande, jamais vai conseguir se safar. Portanto, não tente fingir. Descubra uma maneira de se sentir realmente agradecido pela oportunidade, depois expresse esse sentimento com todas as letras.

Uma forma excelente de começar a demonstrar sua gratidão é mostrar logo de início que se identifica com os presentes. Elimine a distinção entre *você* e *eles*. Assim que possível, talvez até nas primeiras palavras, dê indícios de que você tem uma relação direta com o grupo de pessoas com o qual está falando. Talvez você não saiba, mas essa relação existe. Sua tarefa é encontrá-la e utilizá-la. Quando Harold Macmillan, primeiro-ministro do Reino Unido de 1957 a 1963, proferiu um discurso diante da turma de formandos da DePauw University, em Greencastle, Indiana, num primeiro momento a conexão entre o palestrante e a plateia pode não ter parecido óbvia para os ouvintes. Mas Macmillan tratou disso bem rápido. Mencionou que sua mãe tinha nascido em Indiana, e que seu pai havia sido um dos primeiros alunos formados na DePauw. Que mundo pequeno, não? Ao estabelecer um elo entre a faculdade e a própria família, Macmillan logo conquistou amigos.

O próximo axioma diz que falar em público não tem a ver apenas com o som que ouvimos. Palestrantes eficazes sabem como usar estímulos visuais para dar destaque àquilo que têm a dizer. Portanto, não alcance sua plateia apenas pelos ouvidos. O contato visual também é uma forma fundamental de estabelecer ligação. Quando você fala, na verdade são seus olhos que fazem os ouvintes se sentirem envolvidos pela apresentação. A maneira mais infalível de quebrar o elo entre você e os ouvintes é simplesmente evitar encará-los.

Não importa quantas pessoas estejam presentes – cada uma delas quer ter a sensação de que você está concentrado apenas nela.

Enxergá-las como indivíduos é a única forma de convencê-las de que você está interessado nelas e de que realmente deseja que elas aceitem o que você tem a dizer. O contato visual também é benéfico. Seus olhos servem para lhe garantir que a plateia está concentrada e atenta. Olhando de uma pessoa para outra, você consegue perceber se sua mensagem está sendo bem recebida. Quando desenvolver a capacidade de avaliar as reações da plateia e reagir de acordo com o que observar, você se tornará um palestrante muito mais eficaz.

Muitas vezes, a importância do contato visual é subestimada, mas é fato que se trata de uma ferramenta poderosa quando você sabe usá-la. Para ver como funciona, faça o seguinte exercício: da próxima vez que estiver assistindo a um filme, procure prestar atenção nos olhos dos atores – não nas mãos, não no figurino, mas nos olhos. Você vai perceber que os atores experientes usam os olhos para comunicar todo tipo de pensamento e emoção. Demora muito para um ator aprender isso, mas essa é uma das qualidades que definem os bons atores – e também os grandes palestrantes.

Ninguém é melhor nisso que Johnny Depp, sobretudo nos filmes da série Piratas do Caribe. No papel do capitão Jack Sparrow, o ator muitas vezes diz uma coisa, mas seus olhos mostram que ele está pensando e sentindo algo completamente oposto. Johnny Depp aprendeu essa técnica estudando os grandes atores da era dos filmes mudos – sobretudo Charlie Chaplin. Claro que nesses filmes os atores não podiam desenvolver seus personagens através de palavras faladas, então por isso criaram todo um vocabulário de emoções transmitidas pelos olhos. Como palestrante, não ignore a oportunidade de utilizar o poder do olhar para provar um ponto ou enfatizar algo. Lembre-se: seus ouvintes estão prestando atenção em você. Mais especificamente, estão olhando para os *seus* olhos. Portanto, tire vantagem disso.

Conforme você deve se lembrar do Capítulo 1, memorizar um discurso palavra por palavra não é uma boa ideia. Mas levar algumas anotações para o palco pode ser uma estratégia útil, e não só por causa do conteúdo ali presente. Se observar os palestrantes mais experientes, você vai perceber que eles usam as anotações como suporte para estabelecer um ritmo com a plateia – e utilizam os olhos como a principal ferramenta para isso. Quando diz algo de especial importância, um bom palestrante fica olhando diretamente para a plateia, ou até para um indivíduo entre todos. Então, depois de falar, ele deve olhar para as anotações por um ou dois segundos, o que dará à plateia tempo para absorver o que acabou de ouvir. Por fim, quando o palestrante levanta a cabeça de novo, começa a falar como se estivesse iniciando uma nova palestra, com uma nova energia.

A aparência física é outro aspecto importante e não auditivo de uma boa palestra. Quando você fica diante de um grupo de pessoas durante certo tempo, elas têm a chance de analisá-lo com muita atenção. Cada detalhe do que você veste deve ser o resultado de uma decisão consciente, porque, ao fim da sua palestra, talvez algumas pessoas não saibam o que você disse, mas praticamente todas vão saber que tipo de sapato você estava usando ou se sua gravata estava torta. Portanto, certifique-se de que todos os itens do seu vestuário estejam limpos e alinhados. Não use joias que possam brilhar ou tilintar quando você fizer algum movimento. E o mais importante: use roupas que tenham a ver com o estilo do seu público. Se estiver num rodeio, use um chapéu de vaqueiro, mas não faça isso se for falar num encontro de professores ou diretores de escola. Assim como acontece em relação ao contato visual, é impressionante a frequência com que esse princípio tático básico é ignorado. Portanto, conforme prepara seu discurso, gaste alguns minutos diante de um espelho de corpo inteiro usando a roupa que pretende vestir na hora H. É uma chance de se orgulhar de sua aparência, e também uma ótima oportunidade de evitar passar vergonha.

Um último aspecto visual importante é a forma como você se movimenta diante da plateia – se é que você se movimenta. Como em todos os outros aspectos, essa precisa ser uma escolha consciente, que deve começar no momento em que você entra no local da apresentação. Você deve caminhar com energia, propósito, confiança e calma até o ponto de onde vai falar. Sorria, ou pelo menos mantenha uma expressão simpática. Mesmo que esteja apavorado, tente relaxar. No começo, não olhe para o público. Em vez disso, olhe para a pessoa que acabou de apresentá-lo, agradeça e cumprimente-a com um aperto de mãos. Então faça uma pausa, organize suas anotações, caso as tenha levado, e finalmente olhe na direção da plateia.

Tudo isso lhe parece familiar? Num capítulo adiante, falaremos muito mais sobre como conquistar a plateia no primeiro minuto. Por ora, vamos apenas sugerir que você feche os olhos e imagine todos os bons palestrantes que já viu na vida no momento em que subiram ao palco. A sequência é tão bem estabelecida que provavelmente será possível visualizá-la com total clareza. Basta imitar o que está vendo na sua mente. Talvez você não tenha feito isso um milhão de vezes na vida, mas já deve ter visto isso acontecer um milhão de vezes. Portanto, é só fazer o mesmo.

Conforme faz a apresentação, talvez você se sinta confiante o suficiente para se afastar do púlpito ou da tribuna. Se fizer isso, é bom que saiba aonde está indo. Evite andar de um lado para outro aleatoriamente, e procure não trocar uma posição fixa por outra. Muitas vezes, os palestrantes saem de trás do púlpito, mas param ao lado dele e não saem mais dali. Assim como tantos outros aspectos das apresentações, a forma correta de andar no palco já foi bem documentada e é bastante simples.

Pense na sua posição inicial, atrás do púlpito, como sua base principal. Em seguida, identifique duas outras posições como suas bases alternativas. Ao longo da apresentação, você vai se movimentar entre esses três pontos, e *apenas* entre eles. Além disso, seus movimentos devem ser ditados pelo conteúdo do seu material, não só pelo seu desejo de passear pelo palco. Assim como acontece quando consulta as anotações, o momento em que você caminha de um ponto a outro dá à plateia a chance de absorver o que acabou de ser dito – ou pode potencializar um fator que está prestes a ser apresentado.

Assim como acontece com qualquer outro aspecto da sua fala, a forma como você se movimenta diante da plateia deve ser ensaiada. Lembre-se: tudo que diz respeito ao ato de falar bem em público só *parece* natural. Ninguém nasce sabendo falar, que dirá sabendo cativar as pessoas.

Mesmo que a plateia esteja interessada, é bom não perder a noção do tempo. Muitas apresentações podem ser informativas e empolgantes ao mesmo tempo, mas dificilmente as pessoas querem que elas demorem mais do que o esperado. Você não precisa dizer quanto tempo sua apresentação vai durar, mas pode ter certeza de que as pessoas vão se perguntar isso. Assim, é melhor ter cautela. Quando sentir que está bem preparado para a apresentação, tente cortar um pouquinho dela. Ninguém vai se importar, e ao reduzir o número de palavras você se força a dizer as coisas de maneira mais direta e impactante.

Quando você cria uma lista de tópicos, ela acaba se tornando uma espécie de relógio. Ao dizer quantos pontos serão abordados em sua apresentação, você transmite a sensação de que é uma pessoa organizada e bem preparada, mas se esse número for superior a três, é melhor manter essa informação para si. Se você já foi a alguma apresentação em que o palestrante prometeu discutir sete temas, então sabe por que essa dica é válida. É difícil não começar a contar nos dedos, tentar imaginar quanto ainda falta. E quando é você quem está no palco, não é fácil saber em que ponto se encontra, a não ser que consulte suas anotações, o que, para começo de conversa, não ajuda a passar a impressão de que você é uma pessoa organizada. Num capítulo posterior, você vai compreender por que três é o número mágico das apresentações. Qualquer coisa além disso deixa de ser uma apresentação e se transforma em matemática avançada.

Falamos de diversos assuntos neste capítulo. Como tratamos de alguns dos fundamentos essenciais de como falar diante de uma plateia, talvez você queira relê-lo antes de seguir adiante.

Mas não demore muito, porque o Capítulo 3 vai tratar de um dos assuntos mais importantes para quem quer falar em público. É o conhecido “medo do palco”, mas você verá que não é bem do palco que devemos ter medo. Como disse um grande orador certa vez, “não temos nada a temer além do próprio medo”.

■ ESTUDO DE CASO ■

Winston Churchill

WINSTON CHURCHILL é amplamente reconhecido como um dos maiores oradores da história. O interessante é que Churchill nasceu com um grave problema de fala. Na juventude, trabalhou incessantemente para superá-lo. Quando escutamos seus discursos fortes e inspiradores, é quase impossível imaginar que algum dia ele teve alguma dificuldade para falar. Seus discursos foram especialmente eficazes numa época em que a Grã-Bretanha encarou os dilemas mais difíceis de sua história e precisou muito de coragem e inspiração.

Um desses momentos foi após a Batalha da França – também conhecida como Queda da França. As Forças Aliadas estavam cercadas e prestes a ser aniquiladas. Foi quando teve início a Operação Dínamo, para evacuar as tropas aliadas. Num esforço extraordinário, o exército britânico repeliu a Luftwaffe, permitindo que milhares de navios transportassem mais de 300 mil soldados britânicos e franceses para a segurança – número muito maior do que qualquer um já tinha imaginado ser possível.

Em 4 de junho de 1940, Winston Churchill proferiu na Câmara dos Comuns um discurso no qual precisou atingir alguns objetivos ao mesmo tempo: comemorar um esforço milagroso, conter um excesso de otimismo em relação ao que havia sido, na verdade, um desastre militar e, por fim, inspirar o país a continuar lutando.

Durante os primeiros quatro anos da última guerra, os Aliados vivenciaram somente o desastre e a decepção. Este era o nosso medo constante: um golpe atrás do outro, perdas terríveis, perigos horrendos. Tudo desandou. Mas, mesmo assim, ao fim desses quatro anos, o moral dos Aliados estava mais alto do que o dos alemães, que tinham inúmeros rompantes agressivos e posavam de invasores triunfantes das terras que haviam violado. Durante aquela guerra, nós nos perguntamos repetidas vezes: "Como vamos vencer?" E ninguém conseguia responder com muita precisão, até que, no fim, de repente, inesperadamente, nosso terrível inimigo desmoronou à nossa frente, e ficamos tão saciados com a vitória que, em nossa estupidez, a jogamos fora. [...]

Ainda não sabemos o que acontecerá na França, ou com o governo francês – ou com outros governos franceses –, mas nós, nesta ilha e no Império Britânico, jamais perderemos nosso senso de camaradagem para com o povo francês. Se agora fomos conclamados a suportar o que eles têm sofrido, vamos imitar sua coragem, e se a vitória final recompensar nossos sacrifícios, eles irão partilhar os ganhos, sim, e a liberdade será restaurada para todos. Nós não diminuiremos em nada nossas justas demandas nem recuaremos um centímetro sequer. Tchecos, poloneses, noruegueses, holandeses e belgas juntaram suas causas à nossa. Todos eles serão recompensados.

O que o general Weygand batizou de "Batalha da França" acabou. E agora a "Batalha da Grã-Bretanha" está prestes a começar. Desta batalha depende a sobrevivência da civilização cristã. Dela dependem nossa própria vida britânica e a continuidade de nossas instituições e do nosso império. Muito em breve, toda a fúria e o poder do inimigo devem se voltar contra nós.

Hitler sabe que terá de nos derrotar nesta ilha, ou perderá a guerra. Se pudermos enfrentá-lo, toda a Europa poderá ser livre, e a vida no mundo poderá continuar na direção de campos vastos e ensolarados. Mas se fracassarmos, o mundo inteiro – inclusive os Estados Unidos, inclusive todos aqueles que conhecemos e com quem nos importamos – afundará no abismo de uma nova Idade das Trevas, que será mais sinistra e possivelmente mais prolongada pelas luzes da ciência pervertida.

Portanto, vamos nos unir em torno dos nossos deveres e nos conscientizar de que se o Império Britânico e a Comunidade Britânica de Nações durarem mil anos, os homens ainda dirão: "Esse foi seu melhor momento."

Quando um sermão longo chega ao fim, as pessoas se levantam e dão graças a Deus, e se sentem da mesma forma depois de muitos outros discursos.

– John Andrew Holmes

Um discurso é uma poesia: cadência, ritmo, imagens, arrebatamento! Um discurso nos faz lembrar que as palavras, assim como as crianças, têm o poder de fazer dançar até o coração mais indiferente.

– Peggy Noonan

A natureza da oratória é tal que, entre os políticos e clérigos, sempre houve uma tendência a simplificar demais assuntos complexos. Quando está no púlpito ou no palco, até o mais honesto dos oradores tem muita dificuldade em falar toda a verdade.

– Aldous Huxley

3

Superando o medo do palco: "Não temos nada a temer além do próprio medo"

ESTE É UM CAPÍTULO IMPORTANTE! Para começar, eis uma história que o grande Earl Nightingale compartilhou em uma de suas apresentações para transmitir alguns insights sobre o medo:

> *Dois garotos tinham sido criados por um pai alcoólatra. Quando cresceram, saíram daquele lar destruído, e cada um seguiu seu caminho no mundo. Muitos anos depois, eles foram entrevistados separadamente por um psicólogo que estava analisando as consequências do alcoolismo em lares desestruturados. A pesquisa revelou que os dois homens eram totalmente diferentes um do outro. Um era abstêmio e levava uma vida sem vícios; o outro, um alcoólatra inveterado como o pai. O psicólogo perguntou a cada um por que achava que tinha se desenvolvido daquela forma, e ambos deram a mesma resposta: "O que mais você poderia esperar de alguém que teve o pai que eu tive?"*
>
> *O Dr. Hans Selye, um médico canadense de renome internacional, era conhecido como o "pai do medo". Pioneiro, ele devotou a maior parte de sua vida à exploração das bases biológicas do medo. E foi ele quem relatou a história dos dois filhos com pai alcoólatra num artigo para o periódico* New Realities.
>
> *Essa história mostra uma regra fundamental relativa ao medo, ao estresse, à saúde e ao comportamento humano em geral: "Não é o que acontece com você ao longo da vida que faz diferença, mas, sim, a forma como reage a cada circunstância. Todo ser humano na mesma situação tem a possibilidade de escolher como vai reagir, e essa reação pode ser positiva ou negativa."*
>
> *Portanto, o medo surge não necessariamente por causa de um agente causador de estresse, mas, sim, pela forma como esse agente é percebido, interpretado ou avaliado em cada caso individual. Alguns*

indivíduos se aborrecem mais do que outros com certas pessoas e certos acontecimentos, porque enxergam as situações e lidam com elas de diferentes maneiras.

O medo de falar em público é frequentemente citado como o maior medo das pessoas. Ficar diante de uma plateia faz muitos se sentirem desconfortáveis. Mas, como você está prestes a descobrir, essa ansiedade pode ser rapidamente controlada com um pouco de esforço e algumas informações. É por isso que a frase em destaque no título do Capítulo 3 é "Não temos nada a temer além do próprio medo". Se existe um assunto a que essa máxima se aplica, este é o medo de falar em público.

Quando as pessoas dizem que têm medo de falar em público, isso significa que elas de fato temem o quê? A não ser que esteja se apresentando diante de uma plateia hostil num lugar perigoso, você não precisa se preocupar com a possibilidade de ser agredido fisicamente. Mesmo que você tenha um apagão mental ao entrar no palco, é pouco provável que a plateia comece a atirar coisas ou a rir de você. Todos sabem que fazer apresentações é um desafio, portanto é provável que todos se mostrem solidários. Então vamos analisar cuidadosamente o que as pessoas temem e depois aprender como lidar com esse medo.

O medo de si mesmo. Uma simples sensação de autoconsciência, um sentimento que se expressa nas seguintes perguntas mentais: "Que diabo estou fazendo aqui? Como foi que eu me meti nesta situação?"

Reflexões a respeito do passado. A lembrança, mesmo que subliminar, de situações em sala de aula em que você se apresentou e foi ridicularizado ou virou motivo de riso.

Preocupação com o que os outros pensam. Questionamos nossa própria autoridade para estar falando diante de determinado grupo.

Falta de preparação. A sensação de pânico que surge quando achamos que é preciso trabalhar mais na apresentação ou que é melhor simplesmente descartá-la.

Falta de coragem de tentar coisas novas. O medo de fazer algo incomum.

Falta de encorajamento vindo dos outros. Sempre ajuda muito ouvir comentários como: "O grupo está ansioso para ouvir o que você tem a dizer."

O que você pode fazer a respeito desses problemas?

- Tenha em mente que os outros têm os mesmos medos que você.
- Tente analisar de que e por que tem medo.
- Descubra em si mesmo uma compulsão por falar: lembre-se de que você tem coisas importantes a dizer e quer comunicá-las.
- Esteja preparado.
- Faça um curso.
- Apresente-se. Nada substitui isso.
- Fale apenas sobre assuntos que conhece muito bem, temas nos quais é especialista e com os quais se sente à vontade.

Veja, nosso medo não é de fazer uma apresentação desastrosa. É de não fazer uma apresentação perfeita. Quando estamos nervosos nosso medo não é de passar vergonha, mas de não ser um sucesso absoluto. Tememos, por exemplo, que a plateia perceba que estamos amedrontados – e isso só aumenta o medo. Por algum motivo, parece que quando falamos em público almejamos automaticamente o perfeccionismo, mas a verdade é que isso está longe de ser o que um bom palestrante deve desejar. Isso vale não só no plano emocional, mas também no físico.

Provavelmente você já ouviu falar da "reação de luta ou fuga". É a primeira pergunta que seu cérebro faz quando você encara uma situação estressante, à qual deve responder sim ou não. É a escolha que está embutida no nosso cérebro desde a pré-história e que existe até hoje, em pleno século XXI. Vamos fazer como um homem ou uma mulher das cavernas e encarar a ameaça ou vamos preferir correr para o fundo da caverna para nos esconder? Ignore que não estamos encarando um mamute, mas, sim, uma reunião de pais e alunos da escola. Num nível profundo, o cérebro humano não é capaz de fazer esse tipo de distinção. Quando você se sente estressado por uma circunstância incomum, seu cérebro entende que tudo está em risco.

A reação de luta ou fuga provoca certas reações físicas bem documentadas, algumas lamentáveis para quem vai falar em público. Não tem problema se você, por exemplo, ficar com as pupilas dilatadas ou se seu sistema digestivo funcionar. Mas a reação de luta ou fuga também é responsável por uma forte inibição das cordas vocais; portanto, num nível neurobiológico, sua capacidade de falar é paralisada. Como se não bastasse, seus músculos faciais também podem travar. Portanto, você não consegue falar nem sequer sorrir e fazer de conta que está tudo bem. É como se a reação de luta ou fuga transformasse você numa estátua de pedra. Era exatamente isso que você tanto temia, certo? E foi exatamente isso que aconteceu – porque você estava com medo!

Muitos palestrantes excepcionais continuam sentindo medo do palco, não importa quantas apresentações já tenham feito ao longo da vida. Eles aceitam isso como um fato. Não precisam se livrar do medo para controlá-lo. São pessoas pragmáticas, não perfeccionistas. O medo do palco pode ir e vir, mas geralmente não desaparece para sempre. O segredo para o sucesso é colocar o medo em perspectiva e canalizá-lo de forma positiva.

Dale Carnegie não era médico nem neurologista, mas, sem dúvida, foi pioneiro em tratar a ansiedade de falar em público de forma eficaz. Ele gostava de contar a história de um executivo que entrou para um curso seu de oratória na Filadélfia. Era um homem que sempre levara uma vida ativa. Era dono de uma fábrica e líder em um trabalho pastoral e em atividades comunitárias. Mas, antes da primeira aula com Dale Carnegie, ele confessou:

– Já recebi vários convites para falar em eventos, mas nunca consegui aceitar nenhum deles. Só de pensar em ficar de pé numa sala diante de uma plateia me dá um branco. O problema é que agora fui convidado a fazer parte do conselho administrativo da faculdade em que me formei. É uma grande honra, mas eu teria que presidir encontros e certamente precisaria falar em público. Acha que eu consigo aprender a lidar com algo desse tipo a esta altura da vida?

A resposta de Dale Carnegie, conforme ele mesmo relembrou tempos depois, foi curta e direta:

– A questão não é o que eu acho. Eu *sei* que você é capaz e que vai conseguir, desde que preste atenção e pratique o que aprender.

O executivo queria acreditar no que tinha acabado de ouvir, mas aquilo parecia promissor demais, otimista demais.

– Você só está sendo gentil, tentando me encorajar.

Após o fim do curso, o aluno e Dale Carnegie perderam o contato por muitos anos. Mas, quando finalmente se reencontraram, Carnegie perguntou ao homem se de fato havia sido otimista demais naquela conversa anterior. O executivo tirou um caderno de notas do bolso e mostrou uma lista de palestras que estava para ministrar. Ele não só tinha feito várias apresentações de diversos tipos como tinha começado uma nova carreira como palestrante. "E esse é o homem que me perguntou, com toda a seriedade, se eu achava que ele um dia seria capaz de falar em público!", escreveu Dale Carnegie.

A maioria das pessoas evolui com muita rapidez quando passa a lidar com as apresentações em público de maneira organizada, e isso é especialmente verdadeiro no que diz respeito a superar o medo. A organização Dale Carnegie já trabalhou essa questão com milhares de pessoas e está sempre atualizando suas técnicas. Mencionamos apenas um cliente, mas existem muitos outros. Por exemplo, houve o caso de um médico nova-iorquino – vamos chamá-lo de Dr. Curtis – que gostava de passar férias na Flórida na época da pré-temporada do time de beisebol Los Angeles Dodgers. Ele costumava assistir aos treinos da equipe, e com o passar do tempo se tornou amigo dos jogadores e do técnico. Certo ano, foi convidado para um banquete que aconteceria no fim da pré-temporada.

Perto do fim do jantar, enquanto o café era servido, vários convidados foram chamados a dizer algumas palavras. Por mais que tivesse se divertido naquela noite, isso deixou o Dr. Curtis inquieto – e, de repente, seu pior pesadelo se tornou realidade. Ele ouviu o técnico dizer: "Esta noite temos aqui um homem que é um grande fã de beisebol e um médico extremamente competente. Eu adoraria que o Dr. Curtis falasse um pouco sobre questões da saúde de jogadores profissionais de beisebol."

O doutor não acreditou que aquilo estava acontecendo. Ele não fazia ideia de que teria que falar na frente de todo mundo. Estava preparado? Bem, de certo modo ele era a pessoa mais capacitada do mundo, afinal praticava a medicina havia 30 anos. Tinha conhecimento para falar a noite toda sobre qualquer aspecto da saúde física com o homem que estava a seu lado, mas se levantar e dizer as mesmas coisas diante de uma pequena plateia já era outra história. Para isso, ele era totalmente *des*preparado. O coração palpitou. As mãos suaram. A garganta ficou seca. Ele nunca havia falado em público, e tudo o que sabia simplesmente desapareceu da sua cabeça.

O que fazer? A plateia estava aplaudindo. Todos olhavam para ele. O Dr. Curtis hesitou, mas isso só serviu para intensificar os aplausos e aumentar a expectativa. As pessoas gritavam: "Dr. Curtis! Dr. Curtis! Discurso! Discurso!"

O médico se sentiu péssimo. Sabia que, mesmo que tentasse, não seria capaz de falar nem meia dúzia de frases em sequência. Portanto, ele se levantou e, sem dizer uma só palavra, deu as costas para os amigos e saiu em silêncio do salão. Não poderia ter sido pior.

O Dr. Curtis não queria enfrentar essa situação nunca mais. Assim que voltou para Nova York, entrou para o curso de oratória de Dale Carnegie e jamais perdeu uma aula sequer. Como resultado, evoluiu num ritmo muito mais rápido do que ele próprio imaginava. Depois das primeiras aulas o nervosismo havia diminuído, e ao longo das semanas seguintes sua confiança floresceu. Em dois meses, tinha se tornado o melhor aluno da turma. E mais: pouco tempo depois, começou a aceitar convites para falar em outros lugares. Em menos de um ano, seria inimaginável que ele já tivesse saído de um banquete porque teve medo de falar para um grande grupo.

Ter autoconfiança e coragem para falar em público é algo muito mais fácil do que se imagina. Não é um dom concedido a um pequeno grupo de pessoas sortudas. Você aprendeu a falar, o que provavelmente é a maior conquista intelectual da vida de qualquer um. A partir de então, já está apto a aprender a falar em público – não importa que a simples ideia de fazer isso pareça aterrorizante. Qualquer um pode desenvolver essa habilidade se assim o desejar de verdade.

Medo do palco não é um termo preciso para descrever a ansiedade que surge quando temos que falar em público. Na verdade, a maior parte desse medo aparece *antes* de pisarmos no palco. Assim que sobem nele, muitas pessoas perdem o medo. Esse nervosismo até tem seus pontos positivos: aguça os reflexos e aumenta sua energia. Quando você está nervoso porque vai falar, é possível que fique mais atento à sua postura e à sua respiração. Na verdade, muitas pessoas parecem mais saudáveis e atraentes exatamente por causa dessa aflição.

Mesmo palestrantes experientes têm um senso de responsabilidade ao falar em público, que pode variar de um pânico maldisfarçado a uma alegria explícita. Dois mil anos atrás, o orador romano Cícero disse que todos os discursos realmente dignos de mérito têm como característica o nervosismo, portanto um bom orador sempre ficava muito tenso antes de um evento, tal qual um cavalo puro-sangue arisco.

Até Abraham Lincoln se sentia tímido nos momentos iniciais de um discurso. Conforme descreveu seu sócio de advocacia William Herndon: “Lincoln sempre ficava bem desajeitado no começo, e parecia se esforçar de verdade para se ajustar ao ambiente. Vi isso acontecer diversas vezes, e nesses momentos me solidarizava com ele. Quando começava a falar, sua voz era estridente, aguda e desagradável. O estilo, a postura, a pose estranha – tudo parecia depor contra Lincoln. Mas isso não durava muito. Pouco tempo depois, sua compostura, seu entusiasmo e sua sinceridade surgiam, e então o verdadeiro discurso começava.”

Se até Abraham Lincoln passou por uma experiência que deve ser parecida com a sua, não há motivo para se preocupar. Porém, para dominar a arte de falar em público o mais rápido possível, quatro coisas são absolutamente essenciais.

Primeiro, comece com um desejo forte e persistente de falar e se conectar com o público. Isso é mais importante do que você pode imaginar. Se um palestrante experiente pudesse olhar dentro do seu coração neste exato momento, seria capaz de prever com certeza quase absoluta o nível de sucesso que você alcançará, baseado apenas na força do seu desejo. Se você tiver persistência e energia, nada poderá detê-lo.

Portanto, cultive entusiasmo por essa oportunidade. Concentre-se nos benefícios. Pense no que a capacidade de falar de maneira mais convincente significará para você, tanto pessoal quanto financeiramente. Pense nas mudanças que podem ocorrer na sua vida social – nas amizades que irá conquistar, na influência que terá, na liderança que poderá exercer. Ser capaz de se expressar bem em público o tornará um líder de forma muito mais rápida do que qualquer outra possibilidade imaginável.

Isso é verdade hoje em dia e é verdade desde sempre. Cem anos atrás, Andrew Carnegie era o empresário mais rico e mais influente dos Estados Unidos. Após sua morte, em 1919, encontraram entre seus documentos um plano que ele próprio tinha elaborado para sua vida quando tinha 33 anos. Ele achava que em dois anos poderia se aposentar. Então tinha a intenção de estudar na Universidade de Oxford, para ter uma educação formal, devotando, como ele mesmo escreveu, "uma atenção especial à oratória". Embora não tenha se aposentado da forma que planejara, Andrew Carnegie continuou fascinado pela capacidade de falar bem. Esse talento o impressionava muito mais do que a capacidade de ganhar dinheiro, talvez porque ele próprio já fosse um dos homens mais ricos do mundo.

Em qualquer área, muitos desistem antes de alcançar seu potencial máximo e seus objetivos. A intensidade do desejo que essas pessoas têm de ser bem-sucedidas simplesmente não é igual à do esforço exigido de quem quer alcançar o sucesso. Conforme você avançar neste livro, e sobretudo neste capítulo sobre como superar o medo, sugiro que tenha sempre em mente o que o sucesso significará para você, até que seu desejo se torne intenso. Comece essa experiência de aprendizado com um entusiasmo que lhe dará suporte até o fim. Faça de tudo para reforçar essa euforia. Diga a seus amigos que decidiu aprender a falar em público. Reserve um tempo do dia para ler este livro e treinar o que aprendeu. Facilite sua evolução o máximo possível. Dificulte sua fuga quanto puder.

Como dizia Dale Carnegie, poucas coisas se comparam a se postar diante de uma plateia e transferir o que está na sua mente para a mente das pessoas. Há uma espécie de magia nesse ato. Certo orador confessou: "Dois minutos antes do início de uma apresentação, prefiro levar um tiro a seguir em frente e começar. Mas, dois minutos antes de terminar, prefiro levar um tiro a parar."

Se o desejo intenso é o primeiro passo para vencer o medo, o conhecimento profundo é o segundo. Antes de se apresentar, você deve saber em todos os detalhes o tema que vai abordar. Você só se sentirá à vontade diante do público se souber exatamente o que vai dizer. Se não estiver confortável, *certamente* se sentirá inseguro, arrependido e envergonhado pela sua negligência.

Primeiro tenha uma mensagem, depois pense em si mesmo como o mensageiro que vai transmiti-la. As pessoas prestam pouca atenção no mensageiro. O que elas querem é a mensagem. Portanto, mantenha a mente e o coração focados na mensagem. Conheça o assunto como a palma da sua mão. Acredite no que está dizendo e fale como se estivesse determinado a transmitir seus conhecimentos. Faça isso, e em pouco tempo você terá o controle da plateia e de si mesmo.

"Quando fui eleito para o legislativo do estado de Nova York, descobri que era o homem mais jovem de lá", escreveu Theodore Roosevelt em sua autobiografia. "Tive dificuldade em aprender sozinho a falar em público, mas me beneficiei de um bom conselho: 'Só fale quando estiver certo de que tem algo a dizer e saiba exatamente do que se trata. Então fale. Depois sente-se.'"

Aqui vai outro conselho que talvez tenha ajudado Roosevelt e certamente ajudará você: se puder usar algum apoio, faça isso, pois pode ajudar a acabar com sua ansiedade. Mostre algo ao público, escreva uma palavra no quadro-branco, aponte para uma localização num mapa, arraste uma mesa, abra uma janela – qualquer ação física que tenha um propósito vai ajudá-lo a se sentir mais à vontade.

Portanto, primeiro vem o desejo, depois o conhecimento – e em seguida a confiança. William James, o grande psicólogo americano, escreveu certa vez: "A ação parece vir após o sentimento, mas a verdade é que ação e sentimento caminham juntos. Quando dominamos nossas ações, que estão sob nosso controle direto, podemos regular nossos sentimentos, que não estão."

Para se sentir destemido, coloque o conselho de William James em prática e aja como se fosse uma pessoa destemida. Para desenvolver a coragem diante do público, aja como se já fosse corajoso. Claro que, se não estiver preparado, não vai adiantar nada agir como se tivesse toda a coragem do mundo. Mas se você souber o que precisa falar, simplesmente caminhe com propósito e respire fundo. Aliás, respire fundo por cerca de 30 segundos antes de encarar o público. Então mantenha a postura ereta, encare a plateia e comece a falar com absoluta confiança, como se cada um que está ali na sua frente estivesse lhe devendo dinheiro. Faça de conta que as pessoas estão ali para lhe implorar uma extensão de crédito!

O próximo ponto é muito importante. Mesmo que você esqueça tudo o que leu até aqui, lembre-se disto: o jeito infalível de desenvolver a autoconfiança ao falar em público é... falando em público. Aqui a questão se resume a um ponto fundamental: treino, treino, treino. Para falar em público não é preciso ter coragem, mas sim *serenidade, tranquilidade*. E isso só se adquire com a experiência. É preciso fazer um esforço contínuo e exercitar repetidamente a força de vontade e a determinação.

Portanto, continue tentando. O medo nasce da falta de confiança. A falta de confiança nasce da falta de treino. Quando você tiver ensaiado o suficiente, o medo vai desaparecer. Isso é uma boa notícia, mas não é a única. Você também deve ter consciência de que a ansiedade por falar em público não acaba. Essa sensação precisa ser controlada ao longo de sua carreira. Até palestrantes experientes podem, inesperadamente, ficar nervosos. Por que isso acontece é um mistério, mas existe uma forma nada misteriosa de prevenir.

Tornar-se um palestrante de impacto nunca é uma tarefa que tem começo, meio e fim. É uma experiência dinâmica, na qual novos pensamentos e sentimentos estão sempre surgindo. E o mais estranho é que sensações antigas, como o medo do palco, podem reaparecer. Neste capítulo veremos como e por que isso acontece e também maneiras de pelo menos diminuir a ansiedade nos casos em que não é possível eliminá-la por completo.

O reaparecimento do medo do palco pode começar de forma inocente. Do seu ponto de observação, atrás do púlpito, talvez você perceba alguém na primeira fila com cara de entediado. Você se pergunta qual seu nível de energia no momento e qual deveria ser. Então vê alguém sussurrando algo para a pessoa do lado e fica preocupado com a possibilidade de seu cabelo estar bagunçado ou de sua gravata estar torta. Ou pior: você pode pensar que as ideias abordadas estão completamente equivocadas. Em pouco tempo suas mãos estão suando, embora isso já não aconteça há muito tempo. E por fim você pensa que não deve ser bom no que faz.

Mais cedo ou mais tarde, algo do tipo provavelmente acontecerá com você. Acontece com quase todos os palestrantes, do iniciante ao mais experiente. É assim que criamos pensamentos negativos durante uma apresentação, quase como se quiséssemos nos sabotar.

Tudo começa com a perda de foco. Você se distrai com alguma bobagem e, depois disso, fica cada vez mais difícil se concentrar. O resultado pode ser nervosismo, um lapso de memória, um medo repentino ou um desconforto generalizado. Mas podemos evitar esse problema se mantivermos algumas ideias em mente antes de começarmos a falar. Não importa se você é iniciante ou experiente na área. Mais vale prevenir por uns minutos que remediar por algumas horas, então faça o seguinte checklist mental poucos minutos antes de subir ao palco.

Comece lembrando a si mesmo que você se preparou ao máximo. Como discutimos no Capítulo 1, você pesquisou e ensaiou. Talvez se pergunte se poderia ter feito mais, mas esse tipo de hesitação não é apropriado para o momento. Em vez disso, deve-se entrar no modo "piloto automático". Permita que sua preparação cuidadosa cumpra seu papel. Diga a si mesmo que a parte difícil já passou. Agora você pode simplesmente confiar em que sua preparação fará o trabalho por você. Não é preciso se esforçar nem se preocupar. Todo o necessário já está ao seu alcance.

Em seguida, comprometa-se a evitar avaliar a apresentação enquanto ela estiver acontecendo. Uma autoavaliação feita durante uma apresentação é também uma autodestruição. Tira você do presente e o leva para o passado ou o futuro, e além disso destrói o fluxo natural da sua fala. Portanto, em vez de avaliar seu discurso, procure apenas ministrá-lo evitando fazer comentários mentais, mas com muita motivação interna. Quando estiver prestes a chegar a um ponto importante da apresentação, por exemplo, siga em frente *com vontade* e depois sinta-se como se estivesse *conseguindo* destacá-lo. Com isso, você estará transformando intenção em ação.

Terceiro, lembre-se de não permitir que qualquer reação da plateia influencie seu desempenho. Não deixe que nada daquilo que está vendo ou ouvindo faça você se questionar. Se você ensaiou o suficiente, é possível que saiba como a plateia vai reagir. Mas o ensaio não é um sistema perfeito. As reações de seus amigos e familiares só preveem parte daquilo que um público totalmente novo fará na hora H. Se começar a ponderar sobre o cara que está na primeira fileira, em breve vai fazer o mesmo sobre o moço da quarta fileira, e com isso sua autoconfiança cairá por terra. Tentar imaginar o que alguém está pensando é inútil e desvia sua atenção. Além disso, é um grande desperdício de energia. Durante sua fala, você só precisa satisfazer a si mesmo.

Em outras palavras, concentre-se no palco, não na plateia. Pense que nesse momento você está doando, não recebendo. Viva o momento e viva sua apresentação. Você não pode fazer o discurso e ser o público ao mesmo tempo, portanto deixe a reação para a plateia. Sua tarefa é comunicar o que você pensou, sentiu e treinou. Isso é tudo, e isso basta.

Pouco antes de começar a falar, pense no aspecto de sua apresentação que considera sua prioridade e que você não pode esquecer de jeito nenhum. É muito importante que isso seja feito *antes*. Você pode, por exemplo, querer enfatizar sua boa postura. Então lembre a si mesmo de ficar com a coluna ereta. Ou pense na importância de falar com clareza e de ir mudando a cadência das frases. Talvez sinta vontade de destacar vários elementos, mas escolher mais de um vai reduzir os benefícios desse exercício. Portanto, opte por apenas um aspecto, e com bastante cuidado.

Mas vamos nos permitir ter outro pensamento, por mais desconfortável que pareça. Vamos supor, apenas supor, que seu discurso tenha sido horrível. Já aconteceu com todo mundo, até com os grandes mestres, e pode acontecer com você. Se e quando isso acontecer, só existe uma coisa que você precisa perguntar a si mesmo: *E daí?*

Já ouviu falar sobre a antiga fábula da venda do diabo? É interessante. E, assim como a maioria das fábulas, tem uma moral que vale uma reflexão. A história é assim: o diabo estava vendendo suas coisas – o florete da inveja, a adaga do medo e a forca do ódio. Todos os itens eram bem caros. Mas, isolada em um pedestal roxo, reluzindo sob a luz, havia uma cunha gasta e batida. Era o objeto mais valioso do diabo e tudo de que ele precisava para tocar seu negócio, por isso não estava à venda. Era a cunha do desânimo.

O diabo preza mais a cunha do desânimo do que todas as outras armas por causa de seu efeito debilitante, desmoralizador. Inveja, medo e ódio podem levar uma pessoa imatura a agir de forma imprudente, a ter a reação de luta ou fuga, mas ao menos a pessoa estará agindo. O desânimo, por outro lado, é mais nocivo. Ele faz com que você pare tudo, tenha pena de si mesmo e *não faça nada*.

Isso não precisa acontecer, mas infelizmente ocorre com muita frequência. Só quando percebemos que o desânimo é uma forma de autopiedade é que conseguimos avaliar nossa condição incômoda e decidimos fazer algo para sair dela. E a solução para o desânimo e a autopiedade é agir de modo inteligente.

No começo da carreira, o falecido W. Clement Stone, bilionário fundador da Combined Insurance Company – hoje em dia uma empresa global do ramo dos seguros –, criou o hábito de dizer "Excelente!" quando qualquer coisa acontecia, fosse ela boa ou ruim. Na maioria das vezes, claro, era algo bom. Mas mesmo quando ficava sabendo de uma calamidade prestes a acontecer, uma situação muito grave que faria qualquer um sair correndo, ele sorria e dizia "Excelente!". Enquanto seus sócios permaneciam chocados com o ocorrido, ele mergulhava de cabeça no problema e descobria o que havia de bom nele. E, invariavelmente, alguns elementos da situação se transformavam em vantagens. Stone os encontrava e, mais importante, tirava proveito deles.

Todos nós passamos por dias em que nada parece dar certo. No entanto, se entendermos que é possível extrair algo de bom de praticamente qualquer situação, trabalharemos com calma e eficiência na parte mais importante do problema: aquela que pode ser transformada em vantagem. A autopiedade ou a prostração não serão capazes de nos ajudar. O único caminho racional é reavaliar a situação e seguir em frente.

Alguns dos palestrantes mais bem-sucedidos já se viram obrigados a analisar seus métodos e o uso que fizeram do tempo disponível. Nem sempre as coisas vão bem. Acontece com qualquer um. Ninguém acha divertido passar por um período difícil, mas muitas vezes só situações extremas nos fazem olhar para nós mesmos e descobrir o que estamos fazendo, por que estamos fazendo e o que precisamos mudar para alcançarmos o melhor resultado possível. Como disse Ralph Waldo Emerson certa vez, "quando um homem é empurrado, atormentado, derrotado... ele tem a chance de aprender algo". E Emerson era um orador notável.

O desânimo geralmente vem em consequência de uma crise. Há quem diga que as crises são como vias de mão dupla: podemos ir para qualquer um dos lados. Podemos superá-la fazendo algo construtivo ou chafurdar nela de vez, remoendo nossos problemas e sentindo pena de nós mesmos. O desânimo, que cedo ou tarde todos nós sentimos ao longo da vida, é um teste da natureza. Aqueles que se recusam a ficar mergulhados nesse sentimento chegam a lugares mais ensolarados. Com isso, aquilo que parecia uma tempestade torrencial que nublava tudo ao nosso redor é rapidamente esquecido.

Sempre que estiver desanimado, procure manter em mente três pontos fundamentais. Primeiro, o desânimo é uma forma de autopiedade, uma emoção dispendiosa e totalmente desnecessária. O antídoto mais eficaz para a autopiedade é a ação inteligente. Segundo, dentro de qualquer situação desanimadora quase sempre há uma oportunidade de crescimento, amadurecimento e sucesso à espreita. Existe algo de bom nisso. E, por fim, o desânimo deve ser encarado sob a perspectiva adequada. O que pode parecer o fim do mundo num determinado momento não parecerá tão avassalador daqui a 10 dias, ou nem sequer será importante daqui a 10 meses. Mantenha uma perspectiva de longo prazo e você não será derrotado por contratempos momentâneos.

Os chineses têm um ditado: se você convive com um desastre por três anos, ele se torna uma bênção. Em outras palavras, o fracasso é um atraso, não uma derrota. É um desvio temporário, não um beco sem saída. O único jeito de evitá-lo é não dizendo nada, não fazendo nada, não sendo nada.

Algumas das pessoas mais famosas dos tempos modernos, assim como qualquer outra pessoa, tiveram que vencer obstáculos para chegar ao topo, e saber disso deve motivar você a seguir em busca de seus objetivos. É preciso persistir e ter comprometimento total para alcançar suas metas, mas é possível.

Certa vez, o pai de Thomas Edison o chamou de burro. O diretor de sua escola lhe disse que ele jamais teria sucesso na vida.

Henry Ford quase não conseguiu terminar o ensino médio.

As máquinas do maior inventor do mundo, Leonardo da Vinci, jamais foram construídas, e muitas nem sequer funcionariam.

Edwin Land, inventor da câmera Polaroid Land, fracassou de forma retumbante quando se empenhou em desenvolver filmes instantâneos. Descreveu seus esforços como tentativas de usar uma química impossível e uma tecnologia inexistente para criar um produto impossível de fabricar para o qual não havia demanda aparente. Essas barreiras, na opinião dele, criaram as condições de trabalho ideais para sua mente criativa.

Joe Paterno, técnico da equipe de futebol americano da Penn State University, já tinha bem mais de 80 anos quando um repórter lhe perguntou como se sentia quando sua equipe perdia um jogo.

Ele respondeu rapidamente que perder devia ser algo bom para seu time, já que assim eles descobriam onde estavam errando.

Os fracassos em si têm pouco ou nenhum significado. A única coisa que devemos aproveitar de cada um deles – e de qualquer sucesso, a propósito – é a forma como o recebemos e o que fazemos com ele.

Muitas vezes observamos pessoas bem-sucedidas e presumimos que elas passaram por uma sequência de golpes de sorte ou chegaram ao topo sem fazer muito esforço. Em geral não é isso que acontece, e aquela pessoa que consideramos uma superestrela ou um daqueles casos de "sucesso da noite para o dia" passou por tempos incrivelmente difíceis antes de alcançar o sucesso duradouro.

Talvez você não conheça a história de um certo funcionário de lavanderia que ganhava 60 dólares por semana mas tinha um desejo intenso de se tornar escritor. Sua mulher trabalhava à noite, e ele passava as noites e os fins de semana batendo à máquina os manuscritos que enviava a editoras e agentes literários. Todos eram rejeitados por meio de uma carta-padrão que dava a entender que o material nem sequer tinha sido lido.

Mas, em dado momento, o funcionário da lavanderia recebeu uma carta de rejeição mais pessoal, dizendo que, embora seu trabalho não fosse bom o suficiente para ser publicado, ele era um escritor promissor e deveria continuar escrevendo.

Ao longo dos 18 meses seguintes, ele enviou mais dois manuscritos para o mesmo editor amigável e, assim como antes, foi rejeitado. O dinheiro ficou tão curto que o jovem casal precisou cancelar a linha telefônica para pagar os remédios do filho recém-nascido.

Totalmente desanimado, ele jogou o manuscrito mais recente no lixo. Sua esposa, acreditando no talento do marido e totalmente comprometida com os objetivos de vida dele, tirou o original do lixo e o enviou à Doubleday, a editora que havia rejeitado seus trabalhos anteriores de maneira gentil. O livro, intitulado *Carrie: a estranha*, vendeu milhões de exemplares e, no cinema, tornou-se um dos filmes de maior bilheteria do ano de 1976. O funcionário da lavanderia, claro, era Stephen King.

Reflita sobre uma época da sua vida em que você tenha enfrentado dificuldades. Procure ver o que ganhou a partir dessa experiência, a força que encontrou dentro de si nos momentos mais complicados – ou a força que está encontrando agora, depois de vencer os obstáculos. Talvez você nunca tenha percebido o que ganhou no momento difícil até parar para pensar agora. Os chineses têm um ditado: "Sinta o gosto amargo para então sentir o doce." Isso significa que nos tornamos pessoas mais fortes quando vivemos experiências dolorosas. A transformação depende da nossa capacidade de descobrir algo além da dor.

Por último, e mais importante, prepare-se para *aproveitar* a apresentação que está prestes a fazer. É a hora de finalmente compartilhar aquilo que você trabalhou tanto para alcançar. Esse é um momento feliz, não uma oportunidade de corrigir erros, sejam eles reais ou imaginários. Você terá tempo para fazer isso depois. Neste exato momento, deixe os pensamentos e as emoções de sua apresentação tomarem conta de você. Não permita que detalhes sem importância atrapalhem seus sentimentos. Deixe sua empolgação se manifestar. Permita que todos notem sua paixão pelo ofício de palestrante – porque a única coisa que você precisa temer *de verdade* é o próprio medo.

■ ■ ■

Seja sempre mais breve do que
qualquer pessoa ousou desejar.
– Lord Reading

A oratória é o poder de convencer pessoas a abandonar
suas opiniões naturais e moderadas.
– Joseph Chatfield

O homem eloquente não é o que fala bonito,
mas o que, por dentro, está desesperadamente
embriagado de uma crença.
– Ralph Waldo Emerson

4

Use o humor com eficácia

Certa vez, Oscar Wilde disse: "É curioso ver que as piores obras são sempre feitas com as melhores intenções, e que as pessoas se tornam mais triviais quando se levam a sério."

Claro que isso não quer dizer que nunca devemos levar nada a sério. A situação pede seriedade, por exemplo, quando alguém está doente ou ferido. Mas se levar a sério é algo muito diferente disso.

Uma boa regra para avaliar um palestrante é a seguinte: suspeite de qualquer um que se leve muito a sério. Em geral essas pessoas têm em si algo de esquisito ou desonesto. Esse tipo de seriedade é o que chamamos de ser "adulto" no pior sentido da palavra. Para crianças, por outro lado, grande parte da vida é um jogo. Elas dão o melhor de si em qualquer tarefa e parece que nunca perdem o entusiasmo e o senso de humor. O olhar delas sempre tem aquela centelha da alegria. Adoramos ver esse traço nas crianças e também nos palestrantes.

Os ditadores são famosos pela falta de bom humor. Uma característica marcante de uma pessoa cruel é o fato de ela não conseguir ver nada de divertido no mundo. O senso de humor de Mark Twain era um fator-chave de sua grandeza, e ele foi, sem dúvida, o orador mais popular de seu tempo. Por mais sério que fosse o assunto, ele encontrava graça no tema e a fazia aflorar. Muitos dos maiores oradores conseguem captar algo divertido numa situação teoricamente séria. Eles sabem brincar consigo mesmos. Alguns acreditam que o senso de humor é a única coisa que impede que a raça humana seja extinta.

Pessoas emocionalmente saudáveis, que têm uma boa percepção de mundo, são alegres. Costumam ver o lado bom da vida e têm senso de humor no dia a dia. Não são bobalhonas – sabem de todos os últimos acontecimentos e que muitos deles não têm nada de engraçado –, mas não permitem que o lado obscuro domine sua vida.

Como já disse o romancista Samuel Butler, "um senso de humor aguçado o bastante para mostrar a um homem seus próprios absurdos e também os de outras pessoas evita que ele cometa todos os pecados, ou quase todos, salvo aqueles que valem a pena cometer".

É preciso ter senso de humor para escrever isso, e só pessoas com senso de humor nulo se ofendem com essa frase de Butler. A risada tem algo de saudável, sobretudo quando rimos de nós mesmos.

Todos nós já vivemos situações em que parece que nunca mais vamos sorrir, mas não devemos permitir que esses períodos se prolonguem muito. Quando perdemos o senso de humor, não sobra muita coisa. Acabamos nos tornando ridículos. Entramos em guerra contra o mundo, e é impossível vencê-la.

Portanto, o humor, sem dúvida, pode ser um recurso poderoso para quem deseja falar em público, mas não é uma simples questão de fazer rir. Deve ser usado com cuidado, e em certos momentos é melhor simplesmente evitá-lo. Se você conseguir transmitir sua mensagem de maneira divertida e alegre, ótimo. Mas se causar constrangimento ou desagrado, pode causar graves danos à sua apresentação.

Nem sempre é fácil distinguir se o humor é apropriado ou não, porque todo mundo se considera bem-humorado. É raro ouvir alguém dizer que não tem senso de humor. E é difícil provar que essa pessoa está errada, porque esse estado de espírito é algo subjetivo. Se você diz que pode vencer o campeão de Wimbledon numa partida de tênis, existe uma forma objetiva de provar se isso é verdade: o placar. Mas se fala que o seriado *Seinfeld* não tem nada de engraçado, é apenas questão de opinião. Mesmo que todas as outras pessoas achem graça da série, você pode dar de ombros e dizer que estão erradas. Elas não têm bom gosto, você tem.

Mas, ao falar em público, não importa se *você* acha algo engraçado. O que importa é o que a plateia acha. Então, por mais que, na teoria, qualquer apresentação possa se beneficiar do humor, na prática isso depende de diversas variáveis – e qual é a mais importante? Vamos responder a essa pergunta com mais perguntas: você é engraçado? Consegue usar o humor com eficácia?

Não é fácil encontrar respostas simples para essas perguntas. Provavelmente você já conheceu alguém que não conseguiria contar uma piada nem que sua vida dependesse disso. Mas talvez essa pessoa seja engraçada exatamente porque não consegue ser engraçada. Se existe um princípio geral que vale para o uso do humor nas apresentações, esse princípio é: qualquer pessoa pode ser engraçada, desde que descubra o tipo de humor que se encaixa com a própria personalidade e o próprio estilo. Tudo isso remete àquele axioma que mencionamos no começo do livro: *Conhece-te a ti mesmo*. Portanto, conforme for lendo as ideias e os conceitos deste capítulo, pergunte a si mesmo se você se sentiria à vontade para fazer piadas em suas apresentações. O humor é sério demais para não receber a devida importância, mas também é um recurso bastante poderoso que você deve ter em seu arsenal. Portanto, vamos começar. Quando o pato bota um ovo, para que lado ele rola? Nenhum, quem bota ovo é a pata!

Brincadeira! Mas você riu? Se não, talvez seja porque a piada não tem graça. Mas também pode ser porque você não esperava ler algo desse tipo num livro sobre como falar em público. Isso nos leva a um princípio importante sobre a natureza do humor. Quando você vai ao cinema ver uma comédia, talvez note um fenômeno interessante: a plateia geralmente começa a rir antes que algo engraçado aconteça. Pode ser que nenhuma cena tenha sido engraçada de fato, mas mesmo assim as pessoas riem. Por quê? Bem, porque compraram ingresso para assistir a uma comédia, e o propósito desse tipo de filme é provocar risadas, portanto as pessoas riem mesmo sem motivo.

Ao entender o que isso significa, você compreenderá algumas coisas importantes sobre o humor. Verá por que usá-lo numa apresentação vai além de simplesmente acrescentar entretenimento ao discurso. Na verdade, você está preenchendo uma necessidade básica do público. As pessoas não querem rir, elas *precisam* rir. Ao ajudá-las, é como se você estivesse dando comida a uma pessoa faminta. Você não está apenas tornando a vida dessas pessoas mais fácil – está ajudando-as a sobreviver. E, como resultado, elas se tornam receptivas à sua mensagem.

Costuma-se dizer que o ser humano é o único animal capaz de rir. Mas do que nós rimos? É possível apontar algo que *todas* as pessoas considerem engraçado? Ou vamos começar pelo mais simples: você consegue dizer o que acha engraçado de forma geral?

Portanto, da próxima vez que ouvir pessoas rindo numa plateia, pergunte-se: "O que houve de tão engraçado?" Como já mencionado, muitas vezes a resposta é: "Nada." Elas não estão rindo por estarem vendo algo engraçado, mas porque *precisam rir*. Da mesma forma, se você vir 100 pessoas jantando num restaurante, talvez seja porque a comida é ótima, mas mesmo que não fosse elas comeriam, porque *precisam* comer. A maioria de nós está programada para comer no horário do almoço ou do jantar, portanto comemos. E mais: você consegue fazer qualquer um comer no seu restaurante mesmo que não seja o melhor chef de cozinha do mundo. Só é necessário se sintonizar com a necessidade básica que os clientes têm de comer e saciar essa necessidade de forma aceitável.

É por isso que, para usar o humor de maneira eficaz, não é preciso ser de fato engraçado. O essencial é ter o *desejo* de ser engraçado e a capacidade de comunicar esse desejo ao público. Se você conseguir demonstrar que quer que o público ria, com certeza ele vai atender a essa expectativa, porque, lembre-se, as pessoas precisam rir. A única forma de fracassar é quando os ouvintes não sabem o que você espera deles. Se as pessoas compraram ingresso para uma comédia, elas vão agir como se estivessem assistindo a uma. Mas se não sabem exatamente o que está sendo exibido, não vão ficar predispostas a rir e, sendo assim, não vão rir, porque não sabem o que se espera que façam.

Quando a plateia está predisposta a rir, todos se divertem com as palavras e ideias apresentadas. Do contrário, não acham graça de nada. Ou não vão entender o que deveriam fazer ou vão se irritar porque alguém que não consideram engraçado está pedindo que elas riam.

O humor não deve ser forçado. Ele surge naturalmente naquelas pessoas que têm esse dom, ou pelo menos é isso que parece. Se você tem esse dom, meus parabéns. Use-o com sabedoria. Se não tem, utilize-o com cuidado e, antes de começar a falar, tenha certeza de que algo é realmente engraçado. Não tente, de forma inadvertida, fazer de conta que tem uma das profissões mais difíceis do mundo: a de comediante de stand-up.

Antes de incluir uma piada em sua fala, pergunte a si mesmo: "Por que estou contando isso?" Não é *fundamental* contar piadas no começo de uma apresentação, muito menos fazer comentários engraçados, a não ser que sejam inteligentes e que agradem à plateia.

Após a introdução, muitos palestrantes ineficazes dizem algo como "isso me faz lembrar uma história" e em seguida contam algo que nada tem a ver com o que acabaram de dizer. Na verdade, o palestrante não se lembrou de nada, só queria contar uma piada, e a plateia vai perceber que ele está forçando a barra e começar a mexer os pés, tossir e olhar em volta à procura da saída.

Uma boa regra nesses casos é: se você tem qualquer dúvida, se está minimamente desconfortável a respeito de uma história, não a conte. Essa sensação é seu subconsciente mais inteligente tentando lhe dizer que deixe a história para lá. Se quiser realmente contá-la, guarde-a para o vestiário do clube ou qualquer outro momento mais particular.

Existe uma técnica infalível, consagrada e utilizada com sucesso por todos, de Jack Benny a Steve Martin, passando por Conan O'Brien: seja você mesmo a piada. Jack Benny, conhecido por ser muquirana, certa vez provocou uma das crises de riso mais prolongadas e desenfreadas da história do show business. Aconteceu em seu antigo programa de rádio, quando ele contou que foi abordado por um assaltante que disse:

– O dinheiro ou a vida!

O que se seguiu foi um simples silêncio, o silêncio sepulcral e divertido que só Jack Benny era capaz de criar. Esse momento durou apenas alguns segundos antes de as gargalhadas começarem, ganharem força e continuarem por um tempo recorde de cerca de 15 minutos. Por fim, quando as risadas cessaram, Jack falou que o ladrão insistiu:

– Eu disse o dinheiro ou a vida!

E Jack Benny contou ter respondido:

– Estou pensando, estou pensando.

As risadas voltaram e continuaram quase até o fim do programa. O que provocou isso foi um simples silêncio, que Jack usou para deixar claro que tinha ficado numa dúvida terrível para decidir o que era mais importante: seu dinheiro ou sua vida. Ele sempre se dava mal em seus planos elaborados, como o Coiote quando tenta capturar o Papa-léguas. As pessoas adoram quando somos derrotados pelas nossas próprias fraquezas.

Se o humor é seu forte, então você não precisa de meus conselhos e dicas. Se não é, use-o com parcimônia e bom gosto. O humor é maravilhoso quando funciona, mas se torna o oposto disso quando não se encaixa no contexto.

Para ter uma pista sobre a recepção dos ouvintes, palestrantes experientes às vezes fazem um simples teste. Antes de encarar a plateia, eles pedem ao anfitrião que faça uma piadinha na introdução. Com base na resposta da plateia, o palestrante descobre se as pessoas estão receptivas a uma abordagem bem-humorada. Caso não estejam, utilizar o bom humor pode ser um tiro pela culatra. Você precisa ser capaz de interpretar o ânimo do público. É melhor não tentar fazê-lo rir do que tentar e se dar mal.

Quando os ouvintes estão dispostos a rir, ocorre uma mudança básica no modo como eles veem o mundo. As coisas agradáveis são, sim, vistas de forma positiva, mas até algumas coisas ruins provocam risada. Isso nos leva a um ponto fundamental do humor. Histórias dolorosas, quando contadas de maneira divertida, são uma fonte farta de risadas, mas é preciso ter cuidado. Por exemplo, não tem problema zombar de alguém, mas nunca seja cruel. A regra de ouro nesse caso é: não faça chacota de algo que as pessoas não possam controlar ou mudar. Você pode fazer uma piada sobre alguém que não sabe estacionar, mas não sobre alguém que foi atropelado.

A única exceção é se o alvo for *você*. Nesse caso, qualquer piada vale. Portanto, a melhor forma de quebrar o gelo e se tornar um palestrante bem-visto é fazer graça de si mesmo. Esse tipo de humor é sempre válido porque você se mostra humano diante da plateia e não corre o risco de ofender alguém. Quanto mais você faz piada de si mesmo, mais tem permissão para zombar de outras coisas e pessoas. Portanto, faça pelo menos uma piada sobre si mesmo antes de tentar fazer sobre qualquer outra coisa. Entremeie piadas autodepreciativas com qualquer parte engraçada de sua apresentação.

Essas são as regras gerais, e o tipo específico de humor que você deve usar depende de seu estilo de apresentação. Você se sente mais à vontade sendo sutilmente irônico e provocando risadinhas ou prefere ouvir gargalhadas altas? Se você é como grande parte das pessoas, talvez não saiba a resposta. Então vamos ver rapidamente alguns tipos de humor – e você vai perceber que existem muitos. Talvez você considere alguns bem engraçados e outros não. Conforme for lendo, veja quais categorias têm mais a ver com sua personalidade. Além disso, ria à vontade, porque sua risada provavelmente é o melhor termômetro para ajudá-lo a encontrar seu tipo de humor.

Uma das ferramentas mais poderosas para uma apresentação divertida é a anedota. Para entender exatamente o que é uma anedota, podemos compará-la com sua parente próxima, a piada. Uma piada é uma narrativa breve com um desfecho engraçado e inesperado. Uma anedota também é uma narrativa, mas geralmente não é tão curta quanto uma piada. Além disso, pode ser engraçada do começo ao fim, ou até não ser engraçada, dependendo da boa vontade da pessoa que a contar. Por outro lado, para que uma piada seja boa, é preciso que o ouvinte não saiba a graça até o desfecho. Para algumas pessoas, a simples ideia de um pato sair rolando já é engraçada, mas desconsideramos isso e focamos apenas na conclusão.

A maior flexibilidade da anedota, em comparação com a piada, é o que a torna um recurso tão valioso. Perto do fim da vida, problemas financeiros obrigaram Mark Twain a embarcar em turnês mundiais de palestras. O escritor ficou contando sempre as mesmas anedotas, e, por incrível que pareça, o resultado foi sempre o mesmo. Todos caíam na gargalhada. Pessoas que assistiram às palestras disseram que alguns ouvintes pareciam estar sentindo dor de tanto rir. Até certo ponto, as anedotas de Twain surtiam esse efeito simplesmente porque eram muito engraçadas. O mais importante, porém, era que Twain conseguia diminuir, aumentar ou adaptar as anedotas com base na leitura que fazia da plateia. Isso não teria sido possível se ele tivesse contado piadas, em que começo, meio e fim são predeterminados. Tendo isso em mente, palestrantes eficazes sempre contam com um grande suprimento de anedotas bem-humoradas, histórias informativas e narrativas inspiradoras. Além disso, sabem empregá-las para alcançar a máxima eficácia. Eles sabem ler a mente coletiva da plateia com base na reação provocada por partes supostamente engraçadas do discurso e também ajustar a anedota em si com base nessa reação.

Dentro da categoria geral "anedota", um palestrante pode escolher entre várias subclassificações. Por exemplo, se você se sente mais confortável adotando um estilo informal, talvez valha a pena tentar usar o que é chamado de aparte, ou um comentário aparentemente casual feito a partir de um trecho de seu discurso – um desvio que ganha força por parecer espontâneo, não planejado. Segundo vários relatos, Abraham Lincoln era um mestre dessa prática. Muitas vezes, fazia uma pausa num ponto crucial do discurso e seguia em outra direção – em geral, dizendo algo como: "Isso me lembra uma história." O aparte é ótimo para prender a atenção. Funciona melhor quando você percebe que a plateia está perdendo a concentração. Se as pessoas estão com dificuldade para seguir sua linha de raciocínio, elas vão reagir a um aparte divertido da mesma forma que um maratonista em fim de prova reage a um copo d'água. Com ele você revigora o público antes de voltar aos pontos principais. Além do mais, se for utilizado da maneira correta, o aparte se encaixará perfeitamente no seu discurso. Você pode até falar com ar de novidade, sobretudo se passou horas ensaiando.

Entre as anedotas, uma das categorias mais úteis é a gafe, ou mancada. É exatamente o que parece: um relato sobre algum erro engraçado que se cometeu. Com isso, você não só ganha o afeto e a compaixão da plateia como também sua admiração. Eles gostam de você porque você é um ser humano que comete erros, sentem compaixão porque você cometeu um erro humano e o admiram porque você é capaz de admitir o erro.

Vamos observar a gafe mais de perto, porque, com uns poucos

ajustes, você pode torná-la extremamente eficaz. Houve um tempo em que grandes gafes provocavam muitas risadas. Nessa época, acreditava-se que um pouco de dor e até certa crueldade eram essenciais para se fazer humor. Uma mancada que provocasse um incêndio numa casa ou o naufrágio de um navio fazia as pessoas rolarem no chão de tanto rir. Porém, agora a mancada funciona de uma forma bem diferente. Como qualquer pessoa que tenha assistido a *Seinfeld* poderá confirmar, hoje em dia o importante é basear a mancada na premissa mais *despretensiosa* possível. Achamos muito mais divertido ver alguém perder a tampa da pasta de dentes do que uma pessoa escorregando numa casca de banana na frente da rainha da Inglaterra. Ao mesmo tempo, é muito mais fácil encontrar histórias despretensiosas na nossa vida. Portanto, pense um pouco em pequenas coisas que deram completamente errado e descubra como essas situações podem se transformar em anedotas bem-humoradas no melhor estilo *Seinfeld*. O próprio ator e protagonista da série dizia que o programa era sobre nada, e os acontecimentos encenados eram de fato coerentes com essa premissa, e era isso que o tornava tão divertido. Se mantiver esse conceito em mente, você encontrará muito material engraçado nas coisas que acontecem diariamente.

Espero que tudo isso faça sentido para você, e até que pareça divertido. Mas agora vamos encarar uma possibilidade desagradável. Imagine que você está diante da plateia. Você contou anedotas, se valeu de alguns apartes e falou sobre perder a tampa da pasta de dentes – e nada funcionou. Simplesmente nada teve graça. Você sabe e a plateia sabe. Se isso acontecer, parabéns, pois você acabou de entrar num dos campos mais férteis do humor contemporâneo. Pense no seguinte: o talk show é uma das criações mais autênticas da cultura popular dos Estados Unidos. Nasceu com a criação da televisão e ainda hoje está se desenvolvendo e se transformando. No entanto, ao longo de toda a sua existência, uma piada específica tem sido utilizada e reutilizada por todos os seus apresentadores, entre eles os famosos Jay Leno e David Letterman. Resumindo, a piada é que as piadas não são engraçadas. De Steve Allen nos anos 1950 a

Conan O'Brien no século XXI, os comediantes têm construído suas carreiras reagindo à *ausência* de risadas da plateia. Ao fazer uma careta toda vez que uma piada dá errado, o humorista está repetindo a mesma piada inúmeras vezes, um recurso que podemos chamar de recuperação. Se você fizer do jeito certo, será engraçado. Portanto, em vez de esconder suas vulnerabilidades, exercite a capacidade de explorá-las. Aprenda a fazer com que a falta de graça do seu material se torne engraçada. Todo palestrante deve tentar dominar esse aspecto básico do humor contemporâneo.

A caixa de ferramentas do humor tem inúmeros recursos. Talvez você nunca tenha parado para analisá-los – apenas ri quando acha graça de algo. Mas, ao ver as categorias de humor e descobrir quais são mais adequadas ao seu estilo pessoal, você pode maximizar sua capacidade de fazer as pessoas rirem.

O problema é que essa é mais uma daquelas situações do tipo "boa notícia/má notícia". A boa notícia é que você é perfeitamente capaz de aprender a reconhecer essas categorias e construir um arsenal de coisas engraçadas. A má é que você pode ter o material mais engraçado do mundo, mas ainda assim terá que saber apresentá-lo de forma eficaz.

Uma boa apresentação depende da sua capacidade de utilizar o material cômico da melhor maneira possível. Quantas vezes você já ouviu uma pessoa ficar um longo tempo contando uma anedota elaborada para, no fim, esquecer o final e estragar a história? O mesmo pode acontecer com piadas curtas. Piadas e anedotas são, no fim das contas, apenas o material bruto – têm que ser trabalhadas para se encaixarem bem na sua fala. E o mais importante: precisam ter a ver com o tema geral da sua apresentação. O humor não pode ser um fim em si mesmo. Ele precisa reforçar o motivo pelo qual você está diante da plateia, e sua forma de utilizá-lo deve mostrar que você compreende isso.

Oradores eficazes não se limitam a contar piadas para fazer a plateia rir. Eles fazem graça para ilustrar a mensagem que desejam transmitir. É provável que você tenha sido convidado a fazer uma apresentação para instruir sua plateia. Você só deve desejar entreter esses ouvintes se isso o ajudar a ser mais bem-sucedido em sua tarefa principal. O uso criterioso do humor vai manter a plateia ao seu lado. Mas até que ponto o público é capaz de absorver o humor? Depois de quantas piadas ou anedotas o uso do humor começa a se tornar contraproducente? Essa pergunta não tem uma resposta única, porque tudo depende do seu desempenho.

Para que o humor seja eficaz, você precisa treinar e aperfeiçoar seu material. Após encontrar um conteúdo promissor, sua próxima tarefa será trabalhá-lo mentalmente. Isso não significa que seja necessário analisar o material de forma intelectual – na verdade, essa provavelmente é a maneira mais rápida de destruir qualquer energia cômica. Em vez disso, aprenda a ouvi-lo em sua mente. Em seguida, assim como deve fazer com todo o seu material, ensaie em voz alta, tanto sozinho quanto diante de seus amigos. A cada repetição você aprenderá algo novo.

Certa vez, Mark Twain disse: "Às vezes, uma história engraçada pode ser uma obra de arte delicada e de nível elevado, desde que um artista a conte. Mas a arte não é necessária para se contar uma história cômica. Na verdade, qualquer um pode fazer isso." Isso é verdade, mas até para contar uma simples piada é preciso ter alguma habilidade. Ritmo, entonação e pausas são elementos fundamentais que podem fazer o humor decolar ou afundar, e dominar esses elementos numa história específica exige tentativa e erro. Portanto, não tente usar o humor diante de uma sala lotada até ter certeza de que se apresentará bem, após vários ensaios. Quando seu material cômico fizer sucesso numa apresentação, use-o sempre que possível, variando o modo de utilizá-lo e a ênfase que dá a cada elemento.

Tome consciência da relação crítica entre o timing e o efeito cômico. O timing é, essencialmente, a distância entre as várias partes de uma história ou uma piada, ou entre a contextualização e a conclusão da piada. Para executar melhor a tarefa, observe como os profissionais criam a cadência ideal entre o começo, o meio e o fim de uma história. Perceba como o tipo de público pode influenciar o ritmo da história. Ouvintes jovens e cheios de energia preferem algo mais acelerado, ao passo que uma plateia de mais idade e mais calma apreciaria uma apresentação mais lenta. Portanto, se você está falando para estudantes universitários, sua cadência precisa ser diferente da que você usaria numa apresentação para um grupo de aposentados.

Quanto mais você sabe a respeito de sua plateia, mais pode sintonizar seu humor com o dela. Portanto, descubra tudo o que for possível sobre local de origem, interesses, inclinações políticas, times para os quais torcem. Todo grupo tem sua história, e você pode estudá-la. Procedimentos, rituais e indivíduos podem ser um terreno fértil para o humor. Fale com os organizadores do evento e com membros antigos da organização. Em seguida, reflita sobre a natureza do evento. Por exemplo, uma cerimônia de premiação com o sério propósito de prestar reconhecimento a grandes feitos pode não pedir uma apresentação bem-humorada. A apresentação de um trabalho técnico talvez não combine com risadas, mas é possível que algumas sejam necessárias, exatamente por causa da aridez do assunto. Com prática e experiência, você aprenderá a avaliar cada situação, e como resultado se tornará um palestrante melhor.

Algumas pessoas dizem: "Eu jamais conseguiria usar o humor num discurso. Simplesmente não me sinto à vontade para fazer isso." Mas a verdade é que qualquer um pode ser engraçado mesmo nesse contexto, e todo palestrante deveria aprender a empregar essa ferramenta poderosa. Portanto, para finalizar, vamos rever alguns dos princípios básicos que você deve ter em mente.

Primeiro, certifique-se de que o humor pareça apropriado para a situação e engraçado para você. Se você não acha algo engraçado, certamente não pode esperar que a plateia ache. Isso pode parecer óbvio a ponto de nem sequer merecer ser mencionado, mas, por incrível que pareça, muitos palestrantes ignoram essa premissa básica. Eles acabam usando o mesmo velho material gasto e convencional de sempre que nunca os faria rir, mas que parece seguro, portanto eles usam. Isso é um grande erro. Assim como um vendedor nunca deveria vender um produto que não usaria, você nunca deveria contar uma piada da qual não riria.

Segundo, antes de decidir ser engraçado em um discurso, pratique diante de um amigo ou de um grupo de pessoas. Caso o grupo experimental não reaja da forma que você deseja, não desista logo de cara. Talvez o problema seja o seu modo de se apresentar. Às vezes demora até nos sentirmos à vontade contando uma história divertida. Só utilize o humor após se sentir confortável com ele e testá-lo repetidamente.

Terceiro, certifique-se de que as piadas têm a ver com a apresentação. O uso do humor não deve ser um fim em si mesmo. Fazer a plateia rir é ótimo, mas não é o motivo principal para você estar em cima do palco. Se você não criar um elo entre as piadas e o tema principal, talvez o público até ache graça, mas fique se perguntando aonde você quer chegar com elas.

Por fim, cuidado para que o humor não acabe dominando sua identidade. Você quer ser conhecido como um palestrante de impacto, não como um comediante. O humor deve ser apenas um dos muitos elementos que você vai entremear nas suas apresentações. Se sua personalidade como palestrante for dominada pelo elemento humorístico, a plateia terá dificuldade em se identificar com você quando abordar um assunto sério.

Já houve inúmeros esforços para descobrir o que exatamente faz as pessoas rirem. Se alguém conseguir uma resposta definitiva, fará fortuna. Mas você não precisa ser um ás do humor para usá-lo em suas apresentações, e você, quando utilizá-lo de maneira eficaz, verá que não existe ferramenta mais poderosa para conquistar o público. O desafio é usar o humor de uma forma que faça a plateia se lembrar de suas piadas e, por consequência, da mensagem que você transmitiu.

Poucos discursos que provocaram um efeito eletrizante no público podem ser capturados na fotografia em preto e branco de uma transcrição impressa.

– Archibald Philip Primrose

A liberdade não funciona tão bem na prática quanto nos discursos.

– Will Rogers

Em discursos de formatura não deve haver nada que cheire a política partidária, preferência política, sexo, religião ou opiniões desnecessariamente firmes. Apesar disso, é preciso haver um discurso: os discursos, na nossa cultura, são o vácuo que preenche um vácuo.

– John Kenneth Galbraith

5

Histórias e autorrevelação: como conseguir atenção e respeito

Boa notícia! As informações deste capítulo também podem transformar você de um novato total em um profissional completo. Portanto, leia-o atentamente, pratique incessantemente e, por fim, comece a colocar em prática o que aprendeu. Se usar as ferramentas e técnicas aqui apresentadas, você se tornará um palestrante mais eficaz do que 99% das pessoas.

Para começar, vamos imaginar um jantar comemorativo de aposentadoria em que dois convidados vão fazer um brinde ao homenageado. O primeiro a falar é o diretor financeiro da empresa: "Sempre admirei a sagacidade de fulano ao gerenciar seu fundo de aposentadoria. Ele otimizou ao máximo as deduções fiscais e obteve lucro em todos os anos fiscais." Ouvem-se aplausos educados, e o diretor se senta.

Em seguida outro colega começa o brinde. Esse conhece o homenageado há muitos anos. Ele descreve o jogo de basquete em que o amigo em questão marcou os únicos dois pontos de sua pífia carreira no basquete: "Faltavam alguns segundos para o fim do jogo, ele estava com a bola e tinha caminho livre para a cesta. Mas então uma coisa muito estranha aconteceu. Ele se desequilibrou, o que foi esquisito, porque não havia ninguém perto dele. Foi como se ele tivesse tropeçado no próprio cadarço. Seja como for, ele tinha que se livrar da bola antes de cair no chão, então simplesmente a arremessou – e foi assim que ele ganhou o apelido de, como todos sabem, Chuá."

Os dois homens falaram sobre o mesmo assunto – o amigo que está se aposentando –, mas cada um abordou o tópico de uma maneira completamente diferente do outro. O depoimento do primeiro é difícil de visualizar ou dramatizar. O segundo descreve um acontecimento específico, acrescenta humor e drama e, por fim, o conecta com o presente, lembrando a todos o motivo do apelido do homenageado. Aprendemos algo sobre o homem que está se aposentando e também ouvimos uma história vívida. Acontece mais de uma coisa ao mesmo tempo. Neste capítulo, vamos definir os diferentes elementos de um discurso eficaz, seja ele um brinde em um singelo jantar comemorativo de aposentadoria ou uma grande apresentação diante dos acionistas de uma corporação.

Em qualquer apresentação oral de grande impacto, é obrigatório que certos elementos estejam presentes. As únicas exceções são simples apresentações em PowerPoint ou reuniões pequenas em um escritório ou em uma sala de conferência. Em todas as outras ocasiões – sempre que você for chamado a discursar diante de uma plateia e falar por 20 ou 30 minutos –, você precisa utilizar esses elementos.

Primeiro, você tem que ser claro ao comunicar o objetivo da sua apresentação e transmitir ao público os fatos e números. É por isso que você está ali, de pé, mas, em termos de impacto, na verdade essa é a parte menos importante do seu discurso. As informações são essenciais, mas informações sem impacto logo desaparecem da mente das pessoas. Portanto, vamos seguir em frente para o próximo elemento-chave.

O elemento número dois são as histórias ou anedotas que você vai contar sobre *outras pessoas, não sobre você mesmo*. No capítulo anterior, falamos sobre como a plateia precisa rir – os ouvintes não apenas *querem* rir, eles *precisam* rir – e também ouvir histórias. Portanto, se você se limitar a dar informações, não vai preencher uma das necessidades básicas do seu público e, consequentemente, não cumprirá seu papel de palestrante.

Que tipos de história você deve contar? A resposta depende dos seus níveis de confiança e de habilidade. Um orador de verdade transforma qualquer apresentação numa experiência intelectual e emocional. Isso significa que a plateia pensa e sente ao mesmo tempo – e, no que diz respeito a esse sentir, a plateia *ri e chora*.

Pense no melhor discurso que você já ouviu. Como se sentiu ao fim da apresentação? Imagino que tenha vivenciado toda uma gama de sentimentos, que tenha ido das gargalhadas às lágrimas. Um bom palestrante provoca esse efeito, e o uso eficaz das histórias é uma ferramenta essencial para que o ouvinte passe por esse leque de experiências. No capítulo anterior, falamos de Abraham Lincoln e sua habilidade de conquistar o público com uma história divertida. Suspeito que ele fosse capaz de fazer o mesmo com vários outros tipos de narrativa e que tenha sido eficaz em parte porque seus discursos não tinham o objetivo principal de contar histórias. Seu público buscava, acima de tudo, um discurso ou um debate político. Adorava as histórias dele porque eram um aparte, e talvez até um respiro.

Você pode utilizar vários artifícios em praticamente qualquer apresentação e deve tirar o máximo proveito disso. Quando defender sua tese central, procure sempre ligá-la a uma história. Se fizer as pessoas *pensarem*, faça-as *sentir* logo em seguida. À medida que sua confiança cresce, você se torna capaz de levar seu público a experimentar um número cada vez maior de sentimentos. As pessoas querem que você provoque isso nelas, mesmo que não estejam conscientes disso.

Certos tipos de história parecem funcionar sempre. Isso acontece porque os ouvintes conseguem se identificar não só com as situações, mas também com os pensamentos e as sensações que as acompanham. Histórias de aviões e aeroportos são sempre boas. A maioria das pessoas adora viajar e acha isso estimulante. Mas as chateações que vêm com as viagens aéreas hoje em dia são um bom contraponto a esse estímulo. Histórias de famílias e crianças também são eficazes. Quase todos os pais já fizeram uma longa viagem de carro com os filhos no banco de trás, portanto esse é um cenário perfeito para ser utilizado. Se você quer contar uma história sobre escaladas no monte Everest, vai precisar gastar um tempo descrevendo o cenário, mas caso queira se conectar com a plateia de imediato, basta imitar seu filho perguntando: "Falta muito?"

Seja qual for o assunto ou a situação, bons palestrantes jamais contam uma história só por contar. O relato precisa ter relevância para a apresentação como um todo, ilustrar um argumento. Como dizia Dale Carnegie, as histórias são a cereja do bolo, não o bolo em si. Continuando a metáfora, as histórias são uma das duas camadas do bolo que discutimos até o momento. A primeira camada, como você lembrará, são as informações de sua apresentação, e a segunda são as narrativas que você usa para ilustrar sua tese. Essas histórias devem ser sobre outra pessoa, não sobre você. Isso porque o próximo elemento que vamos analisar é a autorrevelação – e como utilizá-la de modo que sua apresentação seja uma experiência impactante para os ouvintes.

Embora às vezes pareçam servir de simples entretenimento, as histórias também devem fazer a plateia pensar e refletir. O sucesso desses relatos depende das mudanças internas que você provoca no público. Já vimos que contar histórias sobre outras pessoas pode ser uma ferramenta valiosa nesse sentido. Mas pode ser ainda mais essencial contar uma história que *revele* muito sobre você e os desafios reais que precisou encarar.

No entanto, isso deve ser feito com cuidado. Lembre-se: de acordo com a organização Dale Carnegie, o assunto preferido de qualquer pessoa é ela mesma. É possível atender a essa demanda por meio do relato de suas experiências pessoais. Isso pode inclusive fornecer uma grande força a suas narrativas, mas de alguma forma você precisa criar um elo entre suas histórias e seu público.

No mundo atual, muita gente parece mais disposta a falar sobre a própria vida. Vivemos em uma sociedade acostumada a ver as pessoas confessarem coisas na TV. Você não vai conseguir criar um elo emocional com o público se disser que perdeu a tampa da pasta de dentes, embora, como já vimos, essa mesma confissão possa funcionar como uma anedota bem-humorada. Agora, porém, estamos olhando para outra camada do bolo, e é aí que você conquista o afeto e o respeito, tudo com base no grau de risco que está disposto a correr. Você conquista a confiança da plateia ao revelar uma parte de si mesmo.

Até que ponto você deve ir é algo que depende do seu nível de conforto e do ambiente onde se apresenta. Se está comandando um workshop sobre planejamento financeiro pessoal, talvez valha a pena revelar que certa vez estourou o limite do cartão de crédito – e talvez não seja razoável falar sobre um problema de saúde ou uma situação trágica na sua família. Esses assuntos seriam perfeitamente apropriados apenas para um público que espera formar um elo emocional.

No workshop de planejamento financeiro você pode dizer algo como: "Comecei a me perguntar se deveria ir atrás de um cartão de crédito com taxa de juros mais baixa." Por outro lado, num retiro de fim de semana voltado para a transformação pessoal ninguém quer ouvir falar sobre Visa ou American Express. Portanto, fale algo do tipo: "Comecei a me perguntar se não estava desperdiçando minha vida com coisas sem importância." É possível até ir mais longe e dizer: "Eu tive que assumir a responsabilidade pelo fracasso do meu casamento."

Uma declaração dessa magnitude, com a autorrevelação que traz em si, pode até incomodar certas categorias de público. É o tipo de declaração que parece agressiva demais, emocionalmente falando. Ao olhar muito de perto para si mesmo, você estimula os outros a fazerem o mesmo, mas e se eles não forem capazes disso? É possível que simplesmente parem de prestar atenção. Por isso é crucial que as histórias de autorrevelação sempre indiquem positividade. Você pode ir até o ponto que quiser nos desafios pessoais, desde que consiga conectá-los às mudanças positivas que resultaram deles.

A autorrevelação é a melhor maneira de conquistar o coração do público, o que é bem diferente de conquistar a mente. Ao compartilhar suas experiências pessoais, você mostra que é um deles. Se você analisar qualquer discurso realmente eficaz, sempre encontrará uma história pessoal. Veja o caso do conde de Spencer, que fez um comovente discurso fúnebre em homenagem à irmã, a princesa Diana. Diante dos olhos do mundo inteiro, ele falou:

"A última vez que eu a vi foi em Londres, em 1º de julho, dia do aniversário dela. Como sempre, ela não comemorou seu dia especial com os amigos. Em vez disso, foi a um evento para angariar fundos para a caridade. Ela era a convidada de honra, claro, mas prefiro me lembrar dos dias que passei com minha irmã em março, quando ela foi visitar a mim e meus filhos na nossa casa na África do Sul. Fiquei feliz por, sem contar com sua aparição pública ao lado de Nelson

Mandela, termos evitado que os fotógrafos tirassem uma única foto dela. Isso significou muito para Diana, e para mim também."

Perceba como ele evoca o sentimento de momentos particulares em família ao descrever uma das figuras públicas mais conhecidas do mundo. Em poucas frases, temos uma ideia de quais eram os sentimentos de Diana e também os de seu irmão. Esse é apenas um pequeno trecho de um discurso bem mais longo, mas sem ele a fala do irmão de Diana teria sido muito menos poderosa.

A capacidade de criar um elo íntimo com o público sempre foi uma marca registrada dos grandes palestrantes. Para compreender isso e aprender a fazer o mesmo, é necessário entender que um grande palestrante está sempre falando apenas para uma pessoa, por mais que esteja diante de uma multidão. Pense em Franklin D. Roosevelt, que começou a fazer uma série de transmissões radiofônicas à nação pouco depois de iniciar seu primeiro mandato como presidente. Isso aconteceu em 1933, durante o pior momento da Grande Depressão. O país precisava de uma liderança, mas com um toque delicado. Até o título que Roosevelt deu a seu programa no rádio – *Conversas ao pé da lareira* – mostrava sua capacidade de dar uma escala humana e pessoal a um enorme projeto.

Antes de tudo, Franklin Roosevelt visualizava seu público como vários indivíduos, nunca como um conjunto de pessoas. Ele sabia que seus ouvintes o escutavam individualmente, então se dirigia a eles como se estivesse conversando com uma única pessoa. Isso é absolutamente fundamental para criar uma conexão pessoal com o público. Você deve visualizar uma única pessoa que represente toda a plateia. Invente uma história sobre a vida dela. Quais são seus desafios e oportunidades? Quais são seus desejos e necessidades? Quanto mais específico for a respeito de seu ouvinte, mais facilmente você criará esse elo. Você sabe a cor dos olhos dele? O que está vestindo? Onde mora? Qual é seu grau de instrução? Quais são suas condições financeiras? Existem dezenas de perguntas desse tipo – e você deve ter resposta para todas elas.

Certifique-se de que seu ouvinte imaginário é receptivo à sua mensagem, alguém simpático à sua causa que está ali para ser ajudado. Não importa qual seja o tamanho de seu público – pode ser até uma audiência de milhares de pessoas –, fale com essa pessoa. Com a prática, você aprenderá a transpor o rosto do seu protótipo para qualquer grupo de ouvintes.

Às vezes, Roosevelt imaginava essa pessoa sentada com ele na varanda ou, melhor ainda, à mesa de jantar. Essa visualização criava um sentimento de intimidade e confiança. Embora estivesse falando para o microfone de um rádio, seu tom de voz e suas expressões faciais davam a entender que ele se dirigia a um amigo íntimo. Se você franzir o rosto, sua voz soará dura e fria, mas um sorriso a tornará calorosa e acolhedora. O presidente assumia uma expressão animada, como se de fato estivesse sentado próximo à lareira com seu ouvinte. As pessoas sentiam isso, o que criava uma forte ligação afetiva.

Conforme falava, Franklin Roosevelt gesticulava de forma simples e natural. Há quem acredite que uma boa comunicação depende da boca, mas essa ideia é bastante limitada. Um comunicador eficaz utiliza o corpo inteiro. Quando se vale dessas técnicas, você cria um ambiente no qual as emoções podem ser expressas com graça e naturalidade. Você cria a base para o tipo de autorrevelação que é um elemento extremamente valioso de uma boa oratória. Ao fim da apresentação, seu público deve ter a sensação de que conhece você. Eles não precisam saber tudo a seu respeito – sempre é bom deixar as pessoas usarem a imaginação em alguma medida –, porém grande parte dos fatos básicos deve ser compartilhada. Onde você cresceu? Como era sua família quando você era criança e como é agora? Você é solteiro ou casado? Se tiver filhos, contar uma história sobre eles é uma grande oportunidade de criar uma conexão com todos os pais no auditório.

A essa altura você já deve ter percebido que usar histórias com eficácia é algo complexo. É necessário utilizar a intuição, mas também a racionalidade, tal como equilibrar uma emoção genuína com a capacidade de tomar decisões corretas sobre como utilizá-la. Você precisa ser sincero, mas também inteligente. Ao despertar suas emoções como palestrante, você pode fazer aflorar as mesmas emoções nos ouvintes. Mas isso deve acontecer de acordo com certas orientações táticas. Elas funcionam como a rede e as linhas de uma quadra de tênis. São os limites que dão significado ao conteúdo emocional de sua fala. Sem a rede e as linhas, um grande saque perde seu valor. É só alguém batendo com força numa bola. Da mesma forma, dentro de um discurso as histórias emocionantes precisam ter contexto e organização racionais.

Vamos analisar algumas das táticas que sempre devem ser empregadas – não importando até que ponto sua apresentação seja emocionalmente envolvente. Em qualquer apresentação, os oradores fazem escolhas a todo momento, sobretudo quando contam histórias. Fazem escolhas emocionais, mas, ao mesmo tempo, tomam decisões racionais sobre, por exemplo, o uso de uma palavra ou outra. Esse processo nem sempre é simples de executar, e muitos fazem a escolha errada.

Quanto à escolha das palavras, duas regras são essenciais. A primeira é o comedimento, ou seja, usar o menor número de palavras para dizer o que pretende. Se você quer expor um argumento que pode ser apresentado em 10 palavras, não use 20. Não use nem 12. Na verdade, veja se consegue reduzir para oito. Qualquer coisa que contribua para formar pensamentos confusos precisa ser eliminada. Às vezes, o mais difícil é cortar frases de que gostamos, mas se elas não contribuem para o assunto principal, precisam ser excluídas.

Provavelmente você já escutou esse conselho de algum professor de redação. Mas aqui vai algo que você talvez não sabia e que jamais deve esquecer se pretende ser um grande palestrante. Você deve usar o menor número possível de palavras numa frase porque terá que repetir variáveis dela pelo menos duas vezes. Essa é uma diferença básica entre a linguagem escrita e a linguagem falada. Em um livro, as palavras ficam fixas na página, para que os leitores as vejam. Se não entenderem exatamente o que o autor quis dizer, eles podem e devem reler as palavras. Mas uma plateia ao vivo não tem essa opção. Suas palavras estão ali em um instante e logo depois não estão mais. Não existe playback num discurso em tempo real. Portanto, quer seja uma descrição dentro de uma história ou uma informação, você precisa encontrar um meio de transmitir a mesma mensagem mais de uma vez. Ao mesmo tempo, deve fazer isso da forma mais concisa e direta possível. Por esse motivo, é fundamental usar o menor número possível de palavras numa frase.

Mas isso é apenas o começo. Além de usar o *menor* número possível de palavras, você deve escolher as mais *simples*. Superestimar o vocabulário do público é um grande erro, porque você corre o risco de perder a atenção deles imediatamente. Quando Ronald Reagan, conhecido como o Grande Comunicador, dirigiu-se a Mikhail Gorbachev, ele não disse "Camarada secretário-geral, exijo que esse obstáculo geopolítico, físico e metafórico seja removido neste momento". Ele falou: "Sr. Gorbachev, derrube esse muro." Tenha esse exemplo em mente e você jamais terá problemas com o nível do seu vocabulário.

Sempre que for contar uma história ou compartilhar uma informação sobre si mesmo, certifique-se de que a ligação com o tema de sua apresentação é clara e não ofenderá ninguém na plateia. Existem várias razões para isso. É possível, por exemplo, que suas histórias sejam tão cativantes que façam o público esquecer o verdadeiro motivo de sua apresentação, ou que as histórias não sejam cativantes e façam o público simplesmente perder o foco. Portanto, mantenha a conexão com seu tema através da ênfase e da repetição nos momentos apropriados. Quando fez seu discurso no Lincoln Memorial, Martin Luther King Jr. repetiu uma frase: "Eu tenho um sonho." Mesmo não sabendo o que ele disse entre as repetições, lembramos que ele repetiu essa frase diversas vezes. Esse era o ponto principal, e ele garantiu que não fosse esquecido.

Outra coisa importante é usar apoios sempre que possível. Mostre algo para a plateia. Reproduza um vídeo curto ou projete uma imagem na tela. Já ouviu a máxima "Uma imagem vale mais do que mil palavras"? Ofereça à plateia algo além da experiência de ouvir sua voz. Mesmo que não tenha objetos, gráficos ou vídeos para exibir, gestos e linguagem corporal acrescentam uma dimensão visual à sua apresentação. Use a energia física para mostrar que você mesmo tem interesse no assunto que está abordando. Não fique parado. Transforme sua apresentação numa experiência visual, não só auditiva. Essa é a diferença entre ler um discurso e discursar de verdade.

Cuidado com os *humms* e *ahnnns*. A maioria das pessoas não percebe como essas sílabas inócuas se intrometem na comunicação oral, sobretudo quando estão falando diante de uma plateia. *Humms* e *ahnnns* mostram que você está nervoso. São formas inconscientes de ganhar tempo, porque você não tem certeza do que vai dizer em seguida. Portanto, quanto mais preparado estiver, menos nervoso vai se sentir e menos precisará enrolar. Procure sempre falar de forma afetuosa, sem deixar de transmitir foco e firmeza. Oprah Winfrey é uma das melhores do mundo nisso. Sempre parece interessada, empolgada, e ao mesmo tempo focada e controlada. Isso faz com que seus espectadores se sintam da mesma maneira.

Existe tanta coisa a dizer sobre como conquistar o público que este capítulo poderia ser um livro inteiro por si só. Falamos sobre a necessidade de comunicar os assuntos e as informações básicas de sua apresentação e também discutimos a importância de criar uma conexão emocional com a plateia. Vimos duas formas de estabelecer essa conexão: a primeira é com histórias sobre outras pessoas, e a segunda é com histórias sobre você mesmo. Essas são suas ferramentas para conquistar o respeito e o afeto do público. Também discutimos as táticas para maximizar seu impacto e mostramos como escolher o vocabulário correto e utilizar recursos visuais chamativos.

Tudo isso, porém, são apenas meios para um fim. Qualquer bom palestrante quer mais do que apenas a atenção e o afeto do público. Um bom palestrante quer inspirar as pessoas a *agir*. Vamos ver como fazer isso no Capítulo 6.

ESTUDO DE CASO

Eleanor Roosevelt

EIS UM TRECHO DO DISCURSO de Eleanor Roosevelt intitulado "Luta pelos direitos humanos", proferido em 28 de setembro de 1948 em Paris, França:

> *Esta noite venho falar com vocês sobre um dos assuntos mais importantes do nosso tempo: a preservação da liberdade humana. Escolhi discutir esse tema aqui na França, na Sorbonne, porque a liberdade humana fincou raízes aqui neste solo muito tempo atrás, e desde então foi bem cultivada. Foi aqui que se proclamou a Declaração dos Direitos do Homem e que os grandes slogans da Revolução Francesa – liberdade, igualdade, fraternidade – inflamaram a imaginação dos homens. Escolhi discutir esse assunto na Europa porque este foi o cenário das maiores batalhas históricas entre liberdade e tirania. Escolhi discuti-lo aqui nos primeiros dias da Assembleia Geral porque o tema da liberdade humana é decisivo para a resolução de diferenças políticas enormes e para o futuro das Nações Unidas.*

O presidente Franklin Roosevelt era um orador formidável, mas, quando ficou debilitado demais para viajar pelo país fazendo discursos políticos, pediu à sua mulher, Eleanor Roosevelt, que falasse em seu nome. Ela era uma mulher extremamente inteligente e articulada, mas tinha um medo devastador de falar em público. Em um discurso famoso, seu marido dissera: "Não temos nada a temer além do próprio medo." Eleanor considerou a fundo essa ideia, encarou o medo, venceu-o e se tornou a maior oradora de seu tempo.

Em seu livro *You Learn by Living* (Você aprende vivendo), Eleanor Roosevelt estimulou seus leitores a não se acovardarem diante dos perigos e a encará-los de maneira destemida, como ela própria fez com o medo de falar em público: "Você ganha força, coragem e confiança cada vez que tem a experiência de parar e encarar o medo. [...] Você deve fazer exatamente aquilo que se acha incapaz de fazer."

Aquilo que Eleanor Roosevelt se achava incapaz de fazer – falar em público – se tornou uma das coisas que ela fazia melhor. Ela fez discursos ao redor do mundo sobre diversos assuntos.

Sobre o dia da vitória contra o Japão

O dia pelo qual pessoas do mundo inteiro vinham rezando enfim chegou. Nosso coração está repleto de gratidão. No entanto, a paz veio como resultado não do tipo de poder que conhecíamos no passado, mas, sim, de uma descoberta recente que ainda não compreendemos nem desenvolvemos totalmente.

Sobre os direitos civis

Temos uma grande responsabilidade aqui nos Estados Unidos, pois oferecemos aquele que talvez seja o melhor exemplo de que se etnias diferentes conhecerem umas às outras, vão conseguir conviver pacificamente.

Sobre o ataque a Pearl Harbor

Boa noite, senhoras e senhores! Esta noite, falo aos senhores em um momento muito sério de nossa história. O Gabinete está reunido e os líderes do Congresso estão num encontro com o presidente. Oficiais do Departamento de Estado, do Exército e da Marinha passaram a tarde inteira em conversa com o presidente. Na verdade, o embaixador japonês estava falando com o presidente no exato momento em que aeronaves japonesas bombardeavam nossos cidadãos no Havaí e nas Filipinas, afundando um dos nossos cargueiros repletos de madeira a caminho do Havaí.

Sobre as artes

Acredito que todos temos consciência de que apreciar a beleza é algo vital para nós, mas também sabemos que somos um país jovem, que não tem certeza do próprio gosto.

Sobre lares de idosos

Acho que não preciso discutir os méritos da pensão para os idosos. Acredito que neste país há muito tempo aceitamos o fato de que os idosos têm direito de receber os cuidados adequados nos últimos anos que lhes restam após terem trabalhado duro a vida inteira, mesmo que, embora não sejam culpados, não tenham poupado o suficiente para viver a velhice.

■ ■ ■

As figuras públicas da atualidade
não conseguem mais escrever seus próprios
discursos e livros, e há evidências de que
nem sequer conseguem lê-los.
– Gore Vidal

Os discursos de formatura foram inventados, em grande
parte, com base na crença de que estudantes universitários
extrovertidos nunca devem ser lançados ao mundo sem
antes terem sido adequadamente sedados.
– G. B. Trudeau

A melhor forma de parecer que você sabe do que
está falando é saber do que está falando.
– Autor desconhecido

6

Como motivar seus ouvintes a agir

Um bom palestrante é como o capitão de uma embarcação. Um navio deve seguir uma direção e tem um destino. O capitão está sempre ciente do destino e também de onde o navio se encontra a cada momento. Pergunte ao comandante de qualquer transatlântico aonde ele está indo e ele responderá na hora – e em apenas uma frase.

Quantos palestrantes conseguem fazer o mesmo? Muitos querem realizar várias coisas ao mesmo tempo, ou pelo menos acham que querem. Resultado: não conseguem direcionar os esforços, o raciocínio e o coração a nada específico. Tudo isso gera dúvidas e confusão, primeiro no próprio palestrante, depois na plateia. As pessoas não percebem a importância de escolher um porto importante e navegar em direção a ele. Porém, se você aprender a fazer isso, vai conseguir estabelecer e alcançar objetivos em cada uma de suas apresentações até produzir uma lista de realizações da qual poderá se orgulhar.

O estranho é que às vezes os palestrantes sofrem com outro problema. Em vez de não saberem para onde o navio está indo, ocorre que o navio não está indo para lugar nenhum. Parece que sua fala está encalhada numa doca seca e pode ficar ali até parar de funcionar por causa da ferrugem e da falta de uso. O motor do navio não dá partida até que a embarcação tenha um lugar aonde ir. O mesmo se aplica a uma apresentação oral. Por isso é tão importante que todo discurso tenha um destino que o palestrante queira alcançar – um objetivo –, um lugar onde a plateia se sentirá melhor do que no momento presente. Se o palestrante não tem um objetivo claro, talvez a apresentação não chegue a zarpar, os motores não deem partida e o público não sinta a adrenalina de navegar por uma rota rumo a um destino que vai surgindo aos poucos durante a jornada.

Se alguém o interrompesse no meio da sua fala e lhe perguntasse em que porto você fará a próxima escala – ou seja, que direção está tomando –, você conseguiria responder com uma frase simples, da mesma forma que o capitão de um navio? Caso a resposta seja não, talvez seja bom pensar um pouco a respeito disso. Claro que o momento ideal de reflexão não é quando você está falando no palco, mas bem antes disso. Se você tem um evento agendado para um futuro próximo, talvez o momento ideal de pensar nisso seja agora.

Quando você pensa em si mesmo como palestrante, que aspecto de sua apresentação mais gostaria de melhorar? Você desejaria comunicar suas ideias de maneira mais clara? Ou buscaria comover a plateia de maneira mais profunda? Antes de responder, permita-me fazer uma pergunta ainda mais importante: por que você quer exercer um maior impacto intelectual e emocional sobre a plateia? Aliás, por que quer ser palestrante, para começo de conversa? Nesse caso não precisa responder, porque a resposta é óbvia. Você quer motivar o público a agir. Pretende que eles façam algo acontecer com base naquilo que ouviram. Você não quer que eles digam "Que discurso lindo", mas sim: "É hora de partir para a ação!"

Discursos e apresentações são feitos por apenas três motivos: para informar, para entreter ou para inspirar ação. Este último é de longe o motivo mais frequente, mais importante e mais desafiador. Para estimular a plateia a agir não é preciso ter sorte nem possuir um talento restrito a certos oradores. É necessária apenas uma *habilidade* que pode ser aprendida e dominada. Existem métodos inteligentes e claros para aprender essa habilidade, e você está prestes a saber quais são.

O primeiro passo é atrair o interesse, a atenção e a confiança de seus ouvintes. Já falamos sobre isso nos capítulos anteriores. As pessoas só darão crédito ao que você diz se você alcançar esses objetivos básicos – em especial, o objetivo de conquistar a confiança do público.

A melhor forma de ganhar confiança é mostrar que a merece. Numa apresentação oral, isso significa mais do que simplesmente apresentar um monte de fatos e números. A propósito disso, Dale Carnegie gostava de citar John Pierpont Morgan, um dos homens mais ricos do mundo no começo do século XX. Morgan dizia que assim como o caráter é o elemento mais importante para se conseguir aprovar uma linha de crédito num banco, a percepção de um bom caráter é crucial para ganhar a confiança do público. Provavelmente você já percebeu isso. Palestrantes espontâneos e espirituosos são muito menos eficazes que aqueles que são menos arrojados, porém mais sinceros.

Certa vez, durante uma aula de Dale Carnegie, um aluno que tinha uma aparência marcante mostrou uma incrível fluência de pensamento e de linguagem quando se levantou para falar. No entanto, quando terminou, a maioria das pessoas destacou apenas como ele era inteligente ou como impressionava no palco. Ele causou uma boa impressão, superficialmente falando, mas não passou disso.

Nessa mesma aula havia uma representante de seguradora. Era baixinha, às vezes se atrapalhava em uma palavra ou outra e não se expressava de forma elegante, mas uma sinceridade profunda brilhava em seus olhos e vibrava em sua voz. Naturalmente as pessoas escutaram com atenção tudo o que ela falou. Sem saber exatamente por quê, todos deram crédito à mulher, e como resultado ficaram dispostos a colocar em prática as ideias que ela apresentou.

Uma sinceridade profunda e genuína é a principal característica que qualquer palestrante deve ter para ser digno de confiança. Nenhum ouvinte pode negar a veracidade de emoções que parecem ser sentidas em um nível profundo, nem sequer, aliás, *tentaria* fazer isso. Pelo contrário: ele quer sentir o que você está sentindo de verdade. Quer, ao longo dos poucos minutos que você vai passar diante dele, saber das suas experiências de vida.

Para dar esse presente à plateia, primeiro você deve dá-lo a si mesmo. Você precisa se abrir para seus sentimentos antes de poder oferecê-los aos outros. Muitas vezes, sobretudo em situações especialmente emotivas ou estressantes, as pessoas buscam formas de escapar do desafio apresentado no momento. Elas confiam no que acreditam que deveriam estar sentindo, não no que realmente está em seu coração. Se você conseguir evitar essa armadilha e for totalmente honesto consigo mesmo, descobrirá uma vasta fonte de sentimentos que poderá compartilhar com seus ouvintes. Sua sinceridade ficará nítida, e, como já vimos, sinceridade é a melhor forma de conquistar a confiança das pessoas.

A essência disso é a capacidade de fundamentar sua mensagem em suas experiências pessoais. Se você se limita a dar opiniões, as pessoas podem retrucá-las. Se apenas relata o que ouviu ou repete algo que leu, você sempre terá uma cara de produto de segunda mão. Mas algo por que você passou e vivenciou vai soar genuíno. A veracidade disso não é apenas uma opinião sua – é sua história e é sua vida. Como você é a autoridade mundial no assunto que está abordando, só resta à plateia acreditar em você.

Você pode ter ajuda para ganhar a confiança da plateia. Muitos palestrantes têm o seu trabalho dificultado simplesmente porque não são introduzidos de maneira apropriada. Por exemplo, a introdução de uma ideia deve ser feita de modo que as pessoas queiram saber mais a respeito. Da mesma forma, quando apresenta um palestrante, o mediador deve dar à plateia a chance de descobrir fatos relativos a ele, fatos que demonstrem que o orador é capacitado a falar sobre o assunto. O mediador deve "vender" tanto o assunto quanto o palestrante à plateia, e da maneira mais enfática e comedida possível.

Esse deve ser o propósito de uma apresentação. No entanto, não é o que acontece em nove de cada 10 vezes. Dale Carnegie testemunhou isso quando ouviu apresentarem o grande poeta irlandês William Butler Yeats, que leria trechos de suas poesias. Apenas três anos antes Yeats havia recebido o Prêmio Nobel de Literatura, a maior distinção dada a uma pessoa das letras. No entanto, nem 10% da plateia sabia desse prêmio ou da importância de Yeats para a literatura. Esses dois fatos deveriam ter sido mencionados pelo mediador, mesmo que essa fosse a única coisa que ele falasse. Mas o mestre de cerimônias os ignorou completamente e, em vez disso, ficou divagando sobre mitologia e poesia grega. Certamente não fazia ideia de que o próprio ego o estava estimulando a impressionar a plateia com seu conhecimento e sua importância. Ele de fato era uma figura importante, um palestrante de renome internacional, e já havia inclusive sido apresentado por outros mestres de cerimônia milhares de vezes. Com isso em mente, Dale Carnegie percebeu exatamente o que estava acontecendo. A importância desse mediador fez com que ele fosse um fracasso total em destacar a relevância de outra pessoa.

Se um escritor vencedor do Prêmio Nobel pode ser vítima desse tipo de coisa, como evitar que aconteça com você? Bem, é preciso apenas ter um pouquinho de diplomacia. Com toda a humildade, vá até a pessoa que vai apresentá-lo e forneça algumas informações a seu respeito. Suas sugestões serão muito bem-vindas. Cite quais pontos você gostaria que fossem mencionados, fatores que mostrem por que é qualificado para falar sobre o assunto em pauta. São coisas simples que os ouvintes precisam saber e que farão com que eles escutem com atenção o que você tem a dizer. É uma boa ideia até escrever esses pontos num cartão, para que o mestre de cerimônias não se esqueça de citar nenhum deles.

Já falamos sobre a importância da sinceridade para formar um elo com a plateia. Há outra qualidade – vamos chamá-la de *convicção* – que está ligada à sinceridade, mas ao mesmo tempo é diferente. Para esclarecer a distinção entre as duas, Dale Carnegie gostava de contar a seguinte história.

Quando ele ministrava cursos de oratória na cidade de Nova York, um dos maiores vendedores da cidade decidiu fazer o curso. Num exercício, fez a afirmação absurda de que era capaz de fazer crescer grama azul. Disse que havia espalhado cinzas de madeira num solo recém-arado e que depois disso aconteceu o fenômeno. Afirmou com todas as letras que as cinzas tinham sido as únicas responsáveis pela grama azul.

Ao mencionar a afirmativa do vendedor, Dale Carnegie falou que, se esse fenômeno fosse real, teria conquistado de imediato um lugar único na história da botânica, talvez até da ciência em geral. Possivelmente teria rendido um bom dinheiro para aquele palestrante – porque nenhuma outra pessoa, viva ou morta, tinha sido capaz de fazer algo tão extraordinário.

Concluiu, portanto, que a história parecia inacreditável e que não era preciso sequer perder tempo para refutá-la, porque todos ali sabiam a verdade.

Mas o sujeito se manteve firme. Estava convicto. Ficou de pé e afirmou com todas as letras que dizia a verdade. Não estava falando de uma teoria qualquer, mas contando sua experiência pessoal. Sabia do que estava falando. Deu informações adicionais, evidências de que não mentia. Sua voz transparecia sinceridade e honestidade reluzentes.

Mais uma vez, o Sr. Carnegie disse que não havia a menor possibilidade de aquele homem estar contando algo ao menos próximo da verdade. O sujeito se levantou novamente e sugeriu que o Departamento de Agricultura desse o veredito. Estava disposto a apostar muito dinheiro.

Nesse momento, Dale Carnegie percebeu algo surpreendente: o vendedor havia claramente conquistado vários alunos do curso. Espantado com a credulidade das pessoas, o Sr. Carnegie perguntou por que eles estavam acreditando na possibilidade de existência da grama azul. Todos os alunos deram a mesma explicação: o vendedor se mostrara muito convicto. Ele não conseguiria demonstrar tanta convicção e tanto entusiasmo se aquilo não fosse verdade.

O poder da convicção é incrível, sobretudo diante de uma plateia que não tem muitas informações sobre o assunto. Para o bem ou para o mal, poucos têm capacidade de pensar de forma lógica e obstinada. Mas todos temos sentimentos e emoções, e podemos ser influenciados pelos sentimentos de um palestrante. Se essa pessoa demonstra estar muito convicta de algo, mesmo que se trate de algo absurdo, ela consegue adeptos e discípulos. O palestrante ganha a confiança dos ouvintes simplesmente por dar a entender que tem muita autoconfiança.

Depois que você consegue vencer o obstáculo que é ganhar a confiança do público, começa enfim o trabalho de traduzir isso em ação. É hora de expor os méritos de sua proposta. Esse é o cerne da apresentação. É nesse momento que sua preparação faz diferença. Agora você vai querer saber muito mais sobre o assunto do que jamais precisará apresentar. Em relação a isso, Dale Carnegie gostava de usar um exemplo do livro *Alice através do espelho*, de Lewis Carroll. Na história, quando o Cavaleiro Branco começou sua jornada, estava preparado para qualquer situação. Levou uma ratoeira, para o caso de ter problemas com ratos à noite, e também uma colmeia, caso encontrasse um enxame de abelhas. Bem, se o Cavaleiro Branco preparasse discursos do mesmo jeito, seria um vencedor. Por meio da enorme quantidade de informações que tinha, estaria mais do que preparado para lidar com qualquer objeção que pudesse surgir. Conheceria tão bem o assunto e planejaria sua apresentação de maneira tão completa que não haveria a menor possibilidade de não alcançar o sucesso.

Eis um exemplo de como isso funciona. O CEO de uma fábrica se deu conta de que era preciso aumentar o preço de alguns de seus produtos principais. Os gerentes de vendas protestaram. Disseram que isso causaria uma grande queda nas vendas e, portanto, os preços deveriam ser mantidos. Assim, o CEO convocou uma reunião nacional e se colocou diante de sua equipe de vendas, ao lado de uma grande folha de papel.

Um a um, o CEO pediu aos vendedores que revelassem suas objeções ao aumento dos preços, e não faltaram argumentos. Conforme os vendedores falavam, o CEO anotava tudo rapidamente na folha. Ficou nisso a manhã inteira. Quando houve uma pausa na reunião, havia pelo menos 100 razões para que os preços não fossem aumentados, e a maioria das pessoas ali ficou achando que o assunto já estava resolvido.

Naquela tarde, porém, o CEO refutou todas as objeções. Ele só conseguiu fazer isso porque tinha pensado em todas de antemão. Nenhum dos motivos apontados pelos vendedores o pegou de surpresa. Ele estava totalmente preparado. Não havia pontas soltas. Tudo foi resolvido ali mesmo.

Por mais que o preparo do CEO tenha sido impressionante, esse resultado não foi bom o bastante para os objetivos que queremos alcançar com o que apresentamos neste capítulo. Uma reunião como essa com a equipe de vendas não deveria terminar com todos os vendedores simplesmente concordando, mas sim com as pessoas cheias de um novo entusiasmo. Elas precisam estar prontas não só para concordar, mas também para agir. Para fazer isso acontecer, rechaçar objeções é um passo importante, mas é fundamental apelar para os motivos que fazem as pessoas agirem.

Podemos entender isso em termos de causa e efeito. O mundo e tudo dentro dele funcionam não de forma aleatória, mas de acordo com leis imutáveis de causa e efeito. Tudo que *já* aconteceu ou que *vai* acontecer é o efeito lógico e inevitável de algum evento anterior. E qual é a primeira causa de toda e qualquer ação que executamos de forma consciente e proposital? A resposta pode ser dada em uma palavra: *desejo.*

Nós, seres humanos, não temos tantos desejos. Hora após hora, dia e noite, somos influenciados por um número surpreendentemente pequeno de anseios. Portanto, se você, no papel de palestrante, conseguir descobrir quais são esses anseios e convencer os ouvintes de que eles vão alcançar os próprios objetivos, terá um poder extraordinário. É exatamente isso que o orador perspicaz tenta fazer.

Imagine, por exemplo, que um pai descobre que o filho adolescente vem fumando escondido. Naturalmente, ele fica furioso. É possível que alerte o filho – ou até que o ameace – de que o cigarro vai acabar com a saúde dele.

O problema é que poucos adolescentes têm medo de problemas de saúde. Estão muito mais comprometidos com a aventura de desrespeitar uma regra do que com o medo de consequências físicas a longo prazo. O que acontecerá nesse caso? Provavelmente nada de bom, pois o pai não foi perspicaz o bastante para alterar o desejo de seu filho. Em vez disso, o pai agiu motivado apenas pelo *próprio* desejo.

O pai teria muito mais sucesso se conseguisse sair da bolha dos próprios sentimentos e enxergar a situação do ponto de vista do filho. Talvez o garoto queira ser um atleta, mas, por causa do cigarro, fique sem ar após uma breve corrida. Ou então queira ser popular com as garotas, ou comprar outra coisa que não seja cigarro. Todos esses desejos podem ser afetados negativamente pelo simples fato de ele fumar. O pai poderia mencioná-los na tentativa de fazer o filho parar com o hábito. O importante é saber em que momento da vida o ouvinte se encontra, em vez de procurá-lo onde você acha que ele deve estar ou onde você próprio está.

Nesse ponto é possível empregar uma tática poderosa. Palestrantes de grande impacto sabem como fazer as pessoas agirem colocando um desejo contra outro. Se o adolescente quer fumar, precisamos saber o que ele deseja *mais* do que fumar, para então usarmos esse desejo de modo a criar uma conexão. Sempre podemos utilizar certas necessidades básicas humanas para moldar a conduta de nossos ouvintes. Entender e moldar esses desejos universais é essencial para o sucesso de um palestrante, portanto é preciso distinguir claramente quais são eles.

O desejo por ganhos pessoais é um dos mais fortes que existem. Esse é o motivo pelo qual algumas centenas de milhões de pessoas acordam todo dia duas ou três horas antes do que acordariam naturalmente. No entanto, por mais poderoso que seja esse desejo, uma motivação ainda mais forte é a de autoproteção. Para a maioria das pessoas, ganhar dinheiro é uma grande aspiração, mas não perder dinheiro é uma necessidade absoluta. Se você quer apelar para essa motivação, torne-a pessoal.

Voltando ao exemplo do cigarro, citar estatísticas sobre possíveis doenças pulmonares no futuro não é a melhor tática. Em vez disso, mostre o custo *atual* do hábito de fumar. A proximidade de tempo é muito mais importante do que a gravidade do problema no futuro. Se um garoto recebe um não de uma garota por causa do cigarro, o impacto é muito maior do que se ele se imaginar num respirador artificial daqui a 40 anos. Essa pode ser uma péssima característica da natureza humana, mas não deixa de ser um fato.

Portanto, o desejo de ganhos pessoais é um grande motivador à ação, mas o medo da perda é ainda mais forte. Uma das contribuições mais importantes de Dale Carnegie é justamente a percepção de que nem esses impulsos são os maiores motivadores da natureza humana. Eles não são nada em comparação com aquilo que o Sr. Carnegie chama de *orgulho*, que pode ser mais precisamente entendido como *o desejo de ser admirado*. Esse é o significado de orgulho em termos de vontade de agir. Como dizia Dale Carnegie, se feito com habilidade, o apelo ao orgulho é quase tão poderoso quanto uma dinamite.

Pergunte a si mesmo por que está lendo este livro. É pelo desejo de causar uma impressão melhor em suas apresentações? Ou por cobiçar a satisfação resultante de fazer uma apresentação eficaz? Será que você vai sentir esse orgulho – bastante perdoável – motivado pelo poder, pela liderança e pelo destaque naturalmente atribuídos a um palestrante?

Os seres humanos são criaturas sentimentais que anseiam por conforto e prazer, mas em certa medida a dimensão física desse anseio é superficial. Poucas pessoas compram um carro caro apenas para mantê-lo na garagem e se sentar nos bancos de couro. O comum é que queiram sair dirigindo para serem vistas no carro. Por que tantas pessoas estão obcecadas com o corpo? Dificilmente elas vão à academia só para diminuir o tempo em uma maratona. Fazem isso porque querem estar em forma na praia no fim de semana – ou mesmo na rua, num dia qualquer.

Apontamos Abraham Lincoln como exemplo de um grande orador. Mas ele também era um ser humano e passou a maior parte da vida sob o olhar do público. Afinal, por que ele deixou a barba crescer? Foi porque estava cansado de se barbear com frequência? Queria parecer uma pessoa distinta quando se olhasse no espelho toda manhã? Não – foi porque alguém lhe disse que, se usasse barba, ele pareceria ter mais autoridade aos olhos das outras pessoas. Teria mais credibilidade e seria mais *admirado*.

Lincoln tinha 1,95m de altura. Era um sujeito enorme numa época em que a estatura média dos homens era 1,73m. Ainda assim, usava um chapéu que o fazia parecer ainda mais alto. Apesar de ser um grande homem e um sujeito humilde, queria ser admirado e se destacar em meio à multidão. Isso é apenas um elemento básico da natureza humana, e apelar para esse elemento básico é a melhor forma de inspirar a plateia a agir.

Assim, conforme se prepara para uma apresentação, faça a si mesmo as seguintes perguntas: o que posso oferecer aos meus ouvintes que os leve a ser mais admirados por seus entes queridos? Quem ficará orgulhoso do vendedor quando ele bater a meta de vendas mensal? Quem vai mandar um e-mail para o diretor de recursos humanos quando uma disputa for resolvida com sucesso? Se você parar para pensar, sempre encontrará um público *externo* que seu *próprio* público deseja agradar. Após determinar isso, exponha a seus ouvintes exatamente o que eles precisam fazer para obter esse reconhecimento. Se tiver feito bem seu trabalho, pode ter certeza de que o público fará o que for preciso, e se tiver conectado essas ações com os temas básicos da sua fala, sua apresentação será um sucesso absoluto.

Para finalizar, vamos retomar o que abordamos neste capítulo crítico. Primeiro, vimos que falar em público não é apenas um exercício de retórica. Talvez tenha sido assim na época dos gregos antigos, mas hoje em dia a oratória não é um fim em si mesma. O que importa não é o que se passa pela cabeça das pessoas quando elas estão sentadas num salão ouvindo o que você tem a dizer nem o que esses ouvintes têm no coração. É o que acontece quando eles se *levantam e começam a andar*. Como palestrante, seu objetivo é fazer as pessoas andarem na direção que você apontou.

Em seguida, vimos que você pode se valer de certos princípios e ferramentas básicos para alcançar esse objetivo. Vimos a importância de nos conectarmos com aquilo que nossos ouvintes realmente querem, não com aquilo que achamos que eles querem. Talvez essas motivações não sejam tão grandiosas quanto você gostaria, mas você precisa encontrar as pessoas onde elas estão para levá-las até onde elas deveriam estar. Grandes palestrantes sempre compreenderam esse princípio e o usaram em benefício próprio. Só oradores medíocres escolhem lutar contra a realidade da natureza humana.

Terceiro, discutimos a importância de ganhar a confiança do público. Faça por merecê-la – sendo sincero, sendo apresentado da forma adequada, se preparando para falar sobre o assunto, mostrando evidências e informações que a experiência lhe trouxe ao longo do tempo. Também vimos que a convicção pode ser uma ferramenta poderosa para construir sua autoconfiança, mesmo que você esteja diante de ouvintes céticos.

Em seguida, reúna o maior número possível de fatos para defender seu ponto de vista. Esteja preparado: quanto mais preparado você estiver para lidar com objeções, menor será a chance de ter que encará-las. Esse é um mistério da oratória, mas é verdadeiro.

Por fim, e o mais importante, conecte-se com o desejo de ganhos pessoais, com a necessidade de autoproteção e com o orgulho que as pessoas sentem quando são admiradas. Esses são desejos universais, que todo ser humano tem. A arte de falar bem em público está em ver como esses desejos universais se expressam numa plateia específica em determinados momento e lugar.

O chamado à ação é um objetivo específico que você, como palestrante, deve alcançar, e acredito que este capítulo tenha lhe oferecido ferramentas igualmente específicas para alcançá-lo. No Capítulo 7 veremos como você tem apenas alguns minutos – na verdade, segundos – para começar a utilizar essas ferramentas.

■ ■ ■

Falar em público é a arte de diluir uma ideia de dois minutos em um discurso de duas horas.
– Evan Esar

Este país precisa é de escutar mais discursos livres que valham a pena.
– Hansell B. Duckett

Existem duas coisas mais difíceis do que fazer um discurso depois de um jantar: escalar um muro inclinado na sua direção e beijar uma garota inclinada na direção oposta.
– Winston Churchill

7

Ganhando no primeiro minuto: como causar uma impressão positiva

PERGUNTE A VÁRIOS PALESTRANTES profissionais quais as lições mais valiosas que já aprenderam, e eles darão a mesma resposta: "Você precisa começar acelerado. Precisa de um início dinâmico que prenda a atenção do público logo de cara."

Por essa razão, grandes palestrantes começam o discurso sabendo exatamente quais palavras vão usar tanto no início quanto no fim da apresentação. Mas o iniciante sabe disso? Quase nunca, e isso não deveria acontecer. Conquistar a plateia no primeiro minuto é algo que se aprende com o tempo, requer bastante reflexão e exige força de vontade. Portanto, não tente ir pelo caminho fácil. Obrigue-se a analisar com cuidado e clareza o que vai dizer diante do público. Saiba exatamente qual impressão quer causar. Depois, pense nas palavras que vão lhe permitir atingir esse objetivo o mais rápido possível.

Desde a Grécia antiga, as apresentações orais são divididas em três partes: introdução, desenvolvimento e conclusão. Mas o que acontece durante essas três fases passou por mudanças drásticas ao longo do tempo. Antigamente, a introdução parecia mais um passeio tranquilo. Os oradores traziam, ao mesmo tempo, notícias e entretenimento. Os ouvintes não ficavam impacientes para que aquilo acabasse porque não tinham tantas outras fontes de diversão.

Hoje em dia, por outro lado, o que *não faltam* são meios de diversão. O mundo foi reinventado pela televisão, pela internet e pelos celulares. Nos últimos 100 anos, houve mais inovações do que desde o início dos tempos até hoje. Isso exige que você, palestrante, esteja em sincronia com o ritmo acelerado da atualidade. Se você vai começar a apresentação com uma introdução, deve pensar em algo curto e impactante, como um banner de website. Hoje em dia esse é o máximo que uma plateia aguenta. Você precisa prender a atenção dos ouvintes logo de cara. Depois disso pode seguir em frente com o que tem a dizer – mas *só depois* disso.

Martin Luther King Jr. foi um dos maiores oradores do século XX. Ele sabia como conquistar o público imediatamente. Eis o começo do famoso discurso intitulado "Eu tenho um sonho":

> Cem anos atrás um grande americano, sob cuja sombra simbólica nos encontramos hoje, assinou a Proclamação de Emancipação. Esse decreto importantíssimo surgiu como um grande lampejo de esperança para milhões de escravos que tinham sido marcados pelas chamas da injustiça. Mas, 100 anos depois, os escravos ainda não estão livres.

É impossível ignorar um início desses. Ninguém consegue escutar a cadência crescente dessas frases e ainda pensar em mexer no celular. Isso não significa que você precisa ser um Martin Luther King Jr. para ser um palestrante eficaz, mas certamente deve ter ciência do exemplo que ele deu. Assim, você vai evitar os erros mais comuns cometidos hoje em dia.

Oradores medianos em geral começam a apresentação de uma de duas maneiras, ambas equivocadas. A primeira é começar com uma história engraçada. Como já dedicamos um capítulo inteiro ao humor, você sabe que ele é um elemento importante de uma apresentação bem-sucedida, mas isso não significa que deve ser utilizado logo de cara. Claro que uma figura pública bem conhecida e com reputação de ser intimidadora pode querer quebrar o gelo com uma piada, mas seu objetivo imediato não deve ser deixar a plateia à vontade. Você deve focar em conseguir toda a atenção e o respeito do público. Depois disso, sim, você pode pensar em melhorar o astral do ambiente. Lembre-se: um bom discurso é como um banquete suntuoso. O humor é a sobremesa, não o prato principal. Não o sirva logo de cara por achar que essa é uma maneira rápida de conquistar o público. Na verdade, é um jeito rápido de perdê-lo.

Começar sendo engraçado é uma forma de tentar trazer o público para o seu lado sem merecer esse privilégio. Demonstra insegurança, e isso nos leva ao outro erro comum cometido em introduções: parece difícil de acreditar, mas muitos palestrantes começam um discurso pedindo desculpas por estarem ali fazendo o discurso! Dizem coisas como "Não sou um grande palestrante...", "Não estou muito preparado para esta apresentação...", "Não sei se tenho muito a dizer" ou dezenas de variações sobre o mesmo tema.

Mais uma vez, a insegurança é a responsável por isso. Você está convencido de que a plateia vai criticá-lo, por isso toma a frente e começa a fazer críticas a si mesmo. Não faça isso! Se não estiver preparado, alguns ouvintes vão perceber rapidamente sem que você chame atenção para isso. Outros nem sequer vão notar – então por que fazer alarde? Uma coisa é certa: ninguém quer escutar suas desculpas.

No momento em que se coloca diante da plateia, automaticamente toda a atenção se volta para você, mas só por um brevíssimo instante. É como se você tivesse cinco segundos de tolerância, porém é necessário estender isso por pelo menos cinco minutos. Se conseguir esse feito, conquistará o público e poderá seguir para o meio de sua fala. Por outro lado, se perder a atenção da plateia já no início, será muito difícil recuperá-la. Portanto, comece com algo interessante logo no primeiro minuto. Não no segundo nem no terceiro. *No primeiro!*

E como fazer isso? Pode parecer bastante difícil, mas há algumas diretrizes facilitadoras. Reproduzo, a seguir, a abertura de um discurso feito por um dos alunos de Dale Carnegie. Veja se ela desperta seu interesse.

> Oitenta e dois anos atrás, mais ou menos nesta época do ano, foi publicada na cidade de Londres uma pequena história destinada a se tornar imortal. Muitas pessoas a chamaram de "o melhor livrinho do mundo". À época do lançamento, os amigos se encontravam nas ruas e perguntavam uns aos outros: "Já leu a história?" E a resposta era sempre: "Sim, já li! Que Deus abençoe aquele livro!"
>
> No dia em que foi publicado, mil exemplares foram vendidos. Em duas semanas, o total era de 15 mil. Desde então houve inúmeras edições em dezenas de idiomas. O original foi vendido por

uma quantia astronômica, e agora está guardado junto a outros tesouros inestimáveis numa biblioteca particular.

Você considera essa uma boa abertura? Esse trecho prendeu sua atenção? A maioria dos leitores responde sim, e o motivo é simples e pode ser expresso em uma palavra: *curiosidade*. Esse começo funciona porque faz uma pergunta e depois, mesmo com a resposta, permanece a dúvida sobre qual é o livro. O palestrante não está sugerindo que o destino do planeta está em jogo, mas, conforme ele se refere ao imenso sucesso desse livro, é impossível não começar a se perguntar qual será esse livro. E ele não diz, apenas continua provocando o ouvinte. Por fim, depois de atiçar ainda mais a curiosidade, ele revela que o livro é *Um conto de Natal*, de Charles Dickens. Mas a essa altura a abertura já acabou. Ele prendeu a atenção dos ouvintes pelos primeiros minutos e agora eles estão prontos para ouvir o restante da apresentação.

O importante é instigar a curiosidade. Segundo Dale Carnegie, "quem não é suscetível à curiosidade? Já vi pássaros na floresta voando de um lado para outro e me observando só por curiosidade. Conheço um caçador nos Alpes que se envolve num lençol e se arrasta no chão para atrair os alces. Dessa forma, ele atiça a curiosidade dos animais. Cães são curiosos, e gatos também – e todos os outros animais, inclusive o famoso gênero *Homo sapiens*".

Ao provocar a curiosidade da plateia logo no primeiro minuto, você ganha atenção total por pelo menos uma hora. O motivo disso está na base da natureza humana. As pessoas são os animais mais curiosos da face da Terra. Porém, para provocar essa curiosidade natural, os palestrantes devem saber duas coisas. Primeiro: qual é o nível de interesse do público em determinado assunto? E segundo: qual é o valor que o palestrante pode acrescentar a determinado assunto de modo a aumentar o interesse do público a ponto de estimulá-lo a agir?

Permita-me ilustrar essa ideia com um exemplo extremamente hipotético. Imagine que você tenha sido chamado para fazer um discurso em uma câmara de comércio ou uma associação local de comerciantes. Imagine que você comece assim: "Senhoras e senhores, antes de iniciar minha apresentação, tenho um importante anúncio a fazer. Acabei de saber que um filantropo milionário está doando cheques no valor de 5 mil para os primeiros 100 empresários que pedirem. Se alguém quiser saber como entrar em contato com esse filantropo, é só me perguntar, e eu ficarei feliz em informar." Claro que todos vão pedir o endereço de imediato; o interesse das pessoas por dinheiro é algo inerente. Elas vão ficar naturalmente curiosas para descobrir onde conseguir dinheiro sem fazer esforço, tendo um interesse forte e automático naquilo que você acabou de informar.

Mas agora imagine que você tenha dito algo completamente diferente antes de falar do filantropo, como: "Para ser rico é preciso ter um excelente vocabulário. Portanto, sugiro com veemência que todos aqui comprem um dicionário e aprendam 20 palavras novas toda semana." Como você não criou uma conexão clara entre o desejo intrínseco por dinheiro e a ideia de que, para ser rico, é preciso aprender palavras novas, provavelmente não será atropelado por uma multidão correndo em direção a uma livraria. Para que isso aconteça, é necessário deixar muito mais explícita a conexão entre o que foi dito e o desejo do público. Por exemplo, se você oferecesse uma boa quantia a quem passasse num teste de vocabulário de nível difícil, é bem provável que um monte de gente tentasse aprender o significado de palavras como "prestidigitador".

Outro exemplo: um estudante abriu sua apresentação com a seguinte pergunta: "Sabia que hoje em dia a escravidão ainda existe em 17 países?" Isso não só provoca a curiosidade, como choca os ouvintes. "Escravidão? Hoje? Dezessete países? Parece inacreditável. Que países? Onde ficam?"

Sempre é possível provocar a curiosidade começando com um efeito e levando as pessoas a quererem descobrir a causa. Outro rapaz abriu sua apresentação com a seguinte frase de impacto: "Recentemente um membro da nossa câmara de deputados propôs uma lei proibindo girinos de se transformarem em sapos a menos de três quilômetros de qualquer escola."

Você acha graça. Esse palestrante está contando uma piada? Que absurdo! Isso aconteceu de verdade? Sim, aconteceu – e o palestrante contou o que ocorreu em seguida.

Uma coluna sobre mercado de trabalho na revista *Fortune* gerou curiosidade com a seguinte pergunta: "As pessoas no seu escritório estão parecendo menos entusiasmadas do que costumavam ser?" Com 13 palavras, o autor informa o assunto do artigo e desperta o interesse dos leitores sobre o motivo que levou os trabalhadores a perderem o entusiasmo. Qualquer aspirante a palestrante deve estudar as técnicas que os escritores usam para prender o interesse do leitor. Você aprende muito mais assim do que estudando discursos impressos.

Num capítulo anterior falamos sobre a importância de usar histórias nas apresentações. Embora histórias engraçadas não sejam uma boa forma de começar, narrativas de outros tipos podem ser extremamente eficazes. Desde a Antiguidade, os contadores de histórias têm entretido, instruído e esclarecido seus leitores. Trovadores cantavam baladas ou recitavam poemas e sagas de heróis. Ainda queremos e precisamos ouvir histórias. Queremos comprar livros e revistas, queremos ir ao teatro e ao cinema, queremos escutar rádio e ver TV. Não ignore essa necessidade humana. Trabalhe com ela em vez de trabalhar contra ela. Aberturas exóticas e cinematográficas são praticamente infalíveis. O público sempre fica absorto. Essas aberturas têm movimento, e o público acompanha tudo o que acontece à sua frente. Os ouvintes querem saber o que vai acontecer.

Que tal a seguinte abertura, que é ousada e diferente? "Quando homens e mulheres trabalham juntos, provavelmente vai haver flertes, romances e até casamentos. Que problemas isso representa para uma empresa?"

Esse começo dá o pontapé inicial com uma pergunta em aberto. O passo seguinte é contar uma narrativa baseada em fatos reais. Conte uma história sobre um romance entre colegas de trabalho. A maioria dificilmente vai ignorar. Depois você volta e responde à pergunta que fez na abertura.

Até um iniciante consegue começar bem uma apresentação usando uma história para atiçar a curiosidade. Uma plateia média tem dificuldade para acompanhar frases abstratas por muito tempo. É bem mais fácil entender narrativas, então por que não começar com uma? Mesmo assim, muitos palestrantes evitam isso. Acham que fazer afirmativas genéricas é algo mais sério e respeitável do que contar histórias. Em primeiro lugar, isso simplesmente não é verdade, e, mesmo que fosse, o melhor é usar o que funciona, independentemente da validade filosófica. Portanto, comece com uma história, conquiste o interesse e depois, sim, prossiga com suas observações gerais.

Provavelmente, a maneira mais fácil de atrair atenção imediata é apresentar algo físico para o qual o público possa olhar. Certa vez, uma aluna de Dale Carnegie abriu uma apresentação abanando um cupom de desconto acima da cabeça. Naturalmente, todos olharam. Então perguntou: "Alguém já recebeu um desses? Aqui diz que você tem direito a um passeio de barco, um jantar e um tour por um lindo loteamento imobiliário perto do rio Hudson, tudo de graça. Basta você ligar e dizer que ganhou este cupom." Com isso, ela atraiu a atenção das pessoas. Depois, revelou que esse truque é usado para fazer as pessoas irem até o loteamento e então serem abordadas de maneira agressiva por vendedores que querem negociar lotes desse terreno.

A abertura dessa estudante contém outra excelente característica: uma pergunta que sabemos que terá uma resposta afirmativa. Todo mundo recebe papeizinhos inúteis, portanto, ao fazer essa pergunta, a aluna faz a plateia pensar junto e cooperar com ela. Essa artimanha é uma das maneiras mais simples e garantidas de conquistar a atenção do público e fazê-lo escutar você. Para aumentar a eficácia dessa técnica, por que não começar com uma pergunta feita por uma pessoa famosa? Esse tipo de coisa sempre tem o poder de chamar atenção, então utilizar uma citação que se encaixe no contexto é uma das melhores formas de começar uma apresentação. Eis um exemplo:

"A humanidade é um oceano. Se algumas gotas do oceano forem poluídas, o oceano não ficará sujo. Então por que perdemos a fé na humanidade quando nos incomodamos com as atitudes de alguns poucos seres humanos?"

Esse início contém várias características louváveis. As primeiras frases provocam a curiosidade: por que devemos ter fé na humanidade? Depois, após uma habilidosa pausa do palestrante, descobrimos o autor da citação: Mahatma Gandhi. O poder desse nome nos faz seguir em frente, e queremos ouvir mais. O palestrante continua: "Mas com toda a turbulência, a pobreza e o sofrimento que os indianos têm vivido, como podemos ter a mesma fé de Gandhi?" Rápido! Responda! Talvez não concordemos com você, mas mesmo assim queremos saber sua opinião. Agora o palestrante nos leva ao cerne da questão. Sim, coisas horríveis acontecem no mundo, mas uma pessoa espiritualizada as considera gotas de óleo num vasto oceano de bondade.

Em nossa discussão sobre os momentos iniciais de uma apresentação, nunca devemos esquecer que o princípio fundamental de Dale Carnegie continua valendo: o principal interesse de qualquer pessoa é ela mesma. Portanto, atingir os interesses egoístas da plateia é sempre uma das melhores formas de começar e certamente vai chamar a atenção do público. Na verdade, isso é senso comum, mas ainda assim o uso dessa tática é raro. Por exemplo, certa vez um orador começou uma palestra falando sobre a necessidade de fazer exames físicos periodicamente. E como ele começou? Contando a história de uma organização médica da qual fazia parte. O sujeito descreveu suas qualidades e o serviço que prestava. Que erro! Os ouvintes não têm o menor interesse em conhecer a estrutura de uma organização, mas estão sempre extremamente interessados em si mesmos.

Por que não reconhecer e agir de acordo com esse fato? É possível fazer isso e mostrar como essa organização do ramo da saúde é fundamental para o público. Por exemplo, tente começar dizendo algo como: "Você sabe qual é a sua expectativa de vida de acordo com as tabelas atuariais da previdência social? Um homem de 30 anos provavelmente vai viver mais 44 anos, e uma mulher de 30 provavelmente vai viver mais 50. Se o homem chegar aos 60, talvez tenha mais 18 anos de vida; e a mulher, mais 23. Isso é tempo de vida suficiente? Vocês estarão preparados para partir nessa época? Não, de jeito nenhum! Todos nós queremos fervorosamente viver por mais tempo. A questão, porém, é que essas tabelas são baseadas em milhões de registros. Então será que eu e você, de alguma forma, podemos ter a esperança de viver mais do que indicam as tabelas? Tomando os cuidados necessários, é claro que podemos, mas, para isso, o primeiríssimo passo é fazer um checkup completo."

Após o palestrante enfatizar a necessidade de um checkup, os ouvintes talvez se interessem por uma organização criada para prestar esse serviço. Mas começar a apresentação já falando sobre a organização, de modo impessoal, é desastroso!

Mais um exemplo. Um aluno fez uma palestra sobre a urgência de conservar as florestas e iniciou dizendo: "Como americanos, nós devemos ter orgulho dos nossos recursos naturais." Em seguida apresentou dados mostrando que os Estados Unidos estavam consumindo madeira num ritmo vergonhoso e indefensável. A questão é que o início da fala dele foi genérico e vago demais. Ele não fez o assunto parecer fundamental para o público. Imagine que algum dos ouvintes fosse dono de uma gráfica. A destruição das florestas faz o custo do papel aumentar exponencialmente. Na verdade, o destino da economia como um todo seria afetado pela perda de milhões de árvores. Portanto, esse aluno poderia ter começado dizendo: "O assunto sobre o qual vou falar interfere no seu negócio, não importa qual seja. De alguma forma, ele vai alterar o preço da comida que comemos e do aluguel que pagamos. Ele afeta nosso bem-estar e nossa prosperidade, e não só da nossa geração, mas também das futuras."

Isso é superestimar a importância da conservação das florestas? Não, não acho que seja. Mas ao começar a apresentação dessa forma você seguirá a orientação de Dale Carnegie que diz que devemos "pintar um quadro alarmante e chamar atenção para o assunto".

Não tenha medo de chocar a plateia. Faça-os se endireitarem na cadeira e prestar atenção. Diga algo que os arranque de seus devaneios. Hoje em dia é difícil chamar atenção das pessoas. Para ser um palestrante eficaz você deve se valer de qualquer meio necessário para conquistar essa atenção. É necessário dizer algo claro e impactante, mesmo que provoque controvérsia e discordância. Veja este começo de um discurso sobre a vida numa cidade grande dos Estados Unidos:

> Os americanos são os piores criminosos do mundo. Cleveland tem seis vezes mais assassinatos do que Londres, que é uma cidade muito maior. Tem 170 vezes mais assaltos, proporcionalmente. Em Cleveland, todo ano, o número de pessoas assaltadas ou furtadas é maior do que se somarmos Inglaterra, Escócia e País de Gales. Há mais assassinatos na cidade de Nova York do que na França, na Alemanha, na Itália ou nas Ilhas Britânicas.

Essa abertura é boa porque o palestrante falou com força e convicção. Suas palavras ganharam vida, fôlego. Outra pessoa pode preferir começar uma apresentação sobre o mesmo assunto com uma lista entediante de estatísticas. Talvez o conteúdo esteja perfeito, mas falte emoção.

Eis outro exemplo de uma abertura feita com paixão. O palestrante começa admitindo que está se sentindo vulnerável, mas depois segue um caminho totalmente diferente.

> Devo admitir que estou meio desnorteado. Já se sentiram desse jeito? Imagino e na verdade espero que sim. Ninguém diria que é uma sensação agradável, mas é absolutamente essencial para quem deseja mudar e crescer – não só no trabalho, mas na vida como um todo.
>
> Esses momentos podem ser assustadores, dolorosos e às vezes até catastróficos, mas ao mesmo tempo são as melhores oportunidades para transformação positiva e crescimento. Tive a sorte de conhecer muitas pessoas de sucesso, e uma coisa que elas têm em comum é o fato de valorizarem os momentos mais desafiadores de suas carreiras.
>
> Na verdade, é mais do que valorizar. Pessoas bem-sucedidas sentem um verdadeiro *afeto* pelas situações que as levaram ao limite. Isso faz todo o sentido, porque quando nos sentimos desnorteados é que descobrimos quem somos de verdade e o que realmente somos capazes de fazer. E uma coisa eu garanto: qualquer um pode fazer muito mais do que *acha* que pode, mas, a menos que você seja diferente de quase todos os outros

> seres humanos do planeta, vai ter que descobrir isso da forma mais difícil.
>
> Acredite, sei bem como são essas situações extremas no campo profissional, e é fato que não é nada agradável passar por elas. Mas aprendi que, quando você é levado ao limite, o maior risco é a tentação de desistir, de travar, de ficar parado esperando o perigo se aproximar até que seja tarde demais. Isso de fato acontece com muitas pessoas. Portanto, vamos ver não só como evitar que isso aconteça, mas também como transformar esses momentos extremos em algo vantajoso – pessoalmente, profissionalmente e talvez até espiritualmente.
>
> Por que algumas pessoas suportam a pressão enquanto outras cedem? Que energia é essa que precisamos ter para transformar circunstâncias terríveis em um presente inestimável? Ao fim desta apresentação, você será capaz de responder a essas perguntas detalhadamente.

Ao ouvir essa abertura, você certamente prestaria atenção em tudo o que fosse dito em seguida. Acho que a esta altura você compreende que há muitas armas no arsenal de técnicas de abertura eficazes. Já falamos sobre algumas das melhores, portanto, para fechar, vamos resumir o que aprendemos.

Quando estiver certo de que tem uma introdução sólida, procure estar relaxado ao se colocar diante da plateia. Você tem todos os motivos para ficar tranquilo. A parte mais importante de sua apresentação já está garantida. Portanto, sorria. Tenha autoconfiança e autocontrole. O palco é seu, e o público ficará a seu lado assim que ouvir sua abertura poderosa. Lembre-se: a melhor oportunidade para causar impacto está nos sete primeiros segundos de apresentação. Portanto, vá em frente.

Tenha consciência de sua linguagem corporal. Seu corpo é seu recurso visual mais poderoso, portanto use seus movimentos e gestos para maximizar os efeitos que deseja alcançar. Se o público não estiver acomodado e ainda houver burburinho e movimentação, apenas aguarde e olhe para os inquietos. Não diga nada – apenas olhe. Você ficará espantado com o efeito dessa técnica e com a forma como sua autoridade crescerá rapidamente.

Após terminar a abertura, faça uma breve pausa antes de seguir em frente. Certifique-se de que está pronto para prosseguir sem titubear. Fazer pausas não é um problema, desde que sejam claramente intencionais. Saber que fazer uma pausa de vez em quando é algo perfeitamente aceitável o ajudará a se concentrar no que vai dizer em seguida.

Mantenha o controle. Ninguém questionará sua autoridade, desde que você mesmo não a questione. Desse momento em diante, sua apresentação correrá bem.

■ ■ ■

Tenha certeza de que já acabou de falar quando
a plateia já tiver parado de ouvir.
– DOROTHY SARNOFF

Fale quando estiver com raiva e você fará o discurso
do qual mais se arrependerá na vida.
– LAURENCE J. PETER

Todo orador tem uma boca; uma excelente combinação.
Às vezes ela diz algo sábio; às vezes, algo sem noção.
– ROBERT ORBEN

8

O poder da persuasão, parte um

NA SUA CARREIRA DE PALESTRANTE, algumas vezes você vai deparar com ouvintes resistentes à sua mensagem. Essas pessoas não são necessariamente hostis – vamos falar sobre esse tipo de reação num capítulo posterior –, mas se mostram céticas e questionadoras. São como crianças que não querem comer, apesar de estarem com fome. Portanto, assim como um pai transforma as ervilhas num trem entrando no túnel que é a boca da criança, você deve encontrar formas de persuadir seu público. E é preciso que seja um processo indolor, para que ninguém saiba que está sendo persuadido. Os ouvintes devem pensar que chegaram por conta própria à conclusão a que você deseja induzi-los. Em vez de parabenizarem você por ser um gênio, eles devem querer parabenizar a si mesmos.

Em termos gerais, existem três tipos de persuasão eficaz. Você pode apelar para a razão, para a emoção ou para o seu caráter e a sua personalidade. Vamos começar este capítulo analisando cada um desses casos.

O filósofo grego Aristóteles, que escreveu um dos estudos sobre oratória mais completos de todos os tempos, expressou o desejo de que toda comunicação se baseasse na razão. Provavelmente muitos concordaram com ele. O matemático francês René Descartes, por exemplo, escolheu questionar tudo, inclusive a própria existência. Mas ele usou o próprio pensamento como prova de sua existência – pelo menos para si mesmo. Ele expressou sua conclusão por meio do famoso axioma "Penso, logo existo". Essa é uma afirmativa completamente lógica. Não há emoção. Não há qualquer julgamento que opine se sua existência é algo bom ou ruim. A racionalidade pura está ligada à existência pura, e o poder de persuasão dessa afirmativa está em sua simplicidade cristalina.

Talvez Aristóteles tenha se decepcionado ao descobrir que os apelos emocionais também tinham seus defensores no mundo antigo. O grande orador romano Cícero encorajava o uso da emoção na conclusão dos discursos, mas hoje em dia a persuasão emocional é utilizada em praticamente qualquer oportunidade. Pode ser uma boa ideia nos perguntarmos por que o poder do sentimento é tão mais utilizado do que o poder da mente – ou talvez não queiramos nos fazer essa pergunta. Seja como for, o fato é que hoje é assim que as coisas funcionam.

O filme do ex-vice-presidente norte-americano Al Gore sobre o aquecimento global foi um enorme sucesso, quer você concorde com o ponto de vista dele ou não. Além de ganhar o Oscar de Melhor Documentário, foi visto por milhões de pessoas e fez com que o tema das mudanças climáticas se tornasse um assunto nacional urgente. O filme é baseado numa apresentação que Al Gore já havia feito mais de mil vezes. Combina estatísticas e pesquisas científicas com imagens vívidas de geleiras e praias. Sem o poder emocional das imagens, os números e gráficos jamais teriam afetado o público. Al Gore já tinha repassado aquelas informações tantas vezes que sabia como acrescentar poder emocional às estatísticas. Se você assistir ao filme com atenção, vai perceber que em vários momentos Gore apresenta seus argumentos com questões como "O que você acha que a pesquisa mostrou?" ou "Em quantos anos acha que essa mudança vai acontecer?". Usando essa técnica, até a projeção de um simples gráfico pode se transformar numa revelação chocante. Outros oradores de diversas inclinações políticas foram ainda mais longe no uso de apelos emocionais. A emoção é a maneira mais confiável de criar uma conexão com uma grande plateia neste início de século XXI. Se você é um palestrante, simplesmente deve dominar essas técnicas. Se é um ouvinte, deve conhecê-las.

Uma terceira via é o apelo persuasivo de sua própria personalidade, sobretudo a forma como a personalidade é expressa ao longo da apresentação. Tradicionalmente, os palestrantes precisam parecer profundos conhecedores do assunto sobre o qual vão falar e, ao mesmo tempo, pessoas benevolentes. Para persuadirem a plateia, precisam parecer inteligentes e bondosos.

Mas antes de escolher um desses métodos de persuasão eficaz, ou mesmo os três, é necessário ter uma estrutura que o ajude a ter apelo. Mesmo que escolha se tornar um palestrante bastante emocional, você não pode simplesmente se ajoelhar e implorar aos pés das pessoas. Você precisa de um *template* que apresente seus sentimentos e ideias de maneira eficaz e que, ao mesmo tempo, o ajude a moldar seu discurso.

Por favor, leia este capítulo com toda a atenção, pois falaremos sobre o *template* indispensável para que você transmita sua mensagem de maneira persuasiva. Cinco aspectos de sua fala precisam estar impecáveis: a invenção, a organização, o estilo, a memória e a execução. São os blocos de construção da persuasão, e todo grande palestrante sabe como utilizá-los. Vamos estudá-los nessa ordem.

Invenção é uma palavra que costumamos associar a criação, mas na verdade ela tem uma raiz latina que significa "encontrar". Grandes palestrantes simplesmente encontram o meio mais eficaz para transmitir suas ideias. Na maioria das vezes, isso começa com um entendimento do que já está na mente da plateia. Em seguida, eles conectam esse conhecimento com a mensagem que desejam transmitir. Portanto, invenção refere-se àquilo que o palestrante diz, não à forma como ele diz.

Em seu discurso de posse, John F. Kennedy queria propor um desafio a seus ouvintes, mas de maneira positiva. Ele queria tirar a nação do estado de complacência que havia caracterizado os anos 1950 e levá-la a uma nova era de ativismo e responsabilidade social. Como? Em seus discursos mais importantes, Kennedy raramente usava a abordagem das pessoas em geral. Presidentes como Lincoln e Truman haviam sido bastante eficazes usando palavras e frases do nosso dia a dia, mas Kennedy tinha uma aura diferente. Era um homem de Harvard, mas ao mesmo tempo era um herói de guerra. Era jovem para ser presidente, mas conhecia o mundo. Era um intelectual e ao mesmo tempo tinha senso de humor – não de um tipo bobo. Era um humor seco. Em termos de oratória, tudo isso era uma invenção – o que não quer dizer que fosse falso ou hipócrita. Significa apenas que essa era a matéria-prima que Kennedy tinha para trabalhar. Essa era a personalidade que ele havia incutido na cabeça do público. Sua tarefa era encontrar as palavras que transmitissem sua mensagem de forma condizente com sua personalidade pública. Ele não podia cair no choro ou contar uma piada boba diante do povo. Quando as pessoas ouviam Kennedy falar, era como se sintonizassem numa frequência de rádio, e ele precisava se manter nessa frequência.

Veja este famoso trecho do discurso de posse de John F. Kennedy:

> Que a partir deste momento e deste lugar, para amigos e para inimigos, espalhe-se a mensagem de que o bastão foi passado para as mãos de uma nova geração de americanos – nascidos neste século, calejados pela guerra, disciplinados por uma paz amarga e custosa, orgulhosos de nossa herança ancestral e nem um pouco disposto a presenciar ou permitir a destruição lenta dos direitos humanos com os quais esta nação sempre esteve comprometida e com os quais nos comprometemos hoje, tanto em nosso lar quanto ao redor do mundo.

Ninguém acreditaria que isso foi dito por Dwight Eisenhower, por Harry Truman ou mesmo por Abraham Lincoln. Aliás, nem Kennedy poderia ter dito isso, a não ser por meio de sua persona de líder do país – a persona que, em termos de oratória, era uma obra-prima da criatividade. O primeiro bloco do *template* está em ação. Sabemos quem está falando: é John Fitzgerald Kennedy, o presidente dos Estados Unidos. A partir do momento em que conhecemos bem a persona do palestrante, estamos prontos para determinar exatamente o que essa persona diria.

Isso nos leva à *organização*, a parte seguinte do *template*. A organização não tem a ver com as palavras usadas num discurso, mas com uma organização em um nível maior, de temas e ideias. A organização correta é extremamente importante. Como palestrante, você não quer dar a impressão de estar perdido. Você precisa deixar claro para o público que sua fala tem começo, meio e fim, que você sabe em que ponto se encontra, em que ponto estava e para qual ponto está indo.

O tipo mais simples de organização é uma velha fórmula conhecida como: "Diga a eles o que você vai dizer, então diga e depois de tudo fale sobre o que você disse." Mas, na prática, um bom palestrante vai aplicar isso de forma mais sutil e persuasiva. Por exemplo, você pode começar apresentando uma ideia, depois apresentar uma ideia que contradiga e primeira e, por fim, terminar com uma terceira ideia que desfaça a contradição. Dependendo do tempo disponível, é possível acrescentar uma introdução mais ou menos formal, uma conclusão e também fatos que sustentem ou refutem as ideias que você apresentou. Você pode até fazer digressões cômicas ou contar histórias pessoais. No entanto, seja qual for sua escolha, ela deve parecer intencional. Deve transmitir a ideia de que você sabe exatamente o que vai dizer e quando dizer. Essa é a essência de uma boa organização.

Agora chegamos ao elemento que talvez seja o mais interessante do *template* da persuasão: o *estilo*. Se a organização é a ordem em que as ideias são apresentadas, o estilo são as palavras usadas para expressá-las. A organização trata de *onde* as coisas serão ditas; o estilo, de *como* serão ditas. Com o passar dos anos, os palestrantes têm dado mais ênfase ao estilo do que a qualquer outro aspecto da apresentação oral. É aqui que a identidade do palestrante se sobressai. É com base no seu estilo que as pessoas concluem se você é uma pessoa altamente instruída ou um autodidata sem conhecimento. Elas percebem se seu copo está meio cheio ou meio vazio. Além disso, com base sobretudo no seu estilo, decidem se gostam de você e, o mais importante, se vão acreditar em você ou não.

Para ver como isso acontece na prática, voltemos ao discurso de posse de John F. Kennedy. Tente se colocar na pele dele por um instante. Você está se tornando presidente após oito anos de governo Eisenhower. Você é a pessoa mais jovem da história a ocupar esse cargo, ao passo que Dwight Eisenhower foi um dos mais velhos. Embora em muitos aspectos fosse um homem brilhante – e certamente muito mais experiente como estadista que John F. Kennedy –, Eisenhower evitava responder a perguntas, passando a impressão de ser uma pessoa enrolada. Até frases curtas tinham vários *humms* e *ahnnns*. Muitas vezes ele parecia confuso ou distraído. Essa persona era uma invenção nos termos do nosso *template*, mas os Estados Unidos estavam bem cansados dessa persona. Portanto, se você fosse o presidente Kennedy, como poderia criar uma imagem bem diferente da de seu antecessor? Que estilo usaria para imprimir sua marca na Presidência do país?

Ninguém quer parecer arrogante ou pretensioso, portanto procura-se evitar frases complicadas ou um vocabulário difícil. Para muitas pessoas hoje em dia, um estilo pé no chão, de sujeito comum, "do povo", seria a primeira escolha. E esse certamente foi o estilo de outro grande comunicador do século XX, o presidente Ronald Reagan. Ele falava do jeito que nós falaríamos com nosso vizinho enquanto aparamos a grama do quintal. Mas John F. Kennedy era diferente. Não queria ser visto como um sujeito comum. Queria poder citar Shakespeare e Churchill, apelar para os instintos e as aspirações mais elevadas das pessoas. Se esse foi o personagem que você inventou para si mesmo, como faria para expressá-lo em palavras?

Não é um problema fácil de resolver, certo? Isso porque poucos de nós escolheriam incorporar os traços de John F. Kennedy. Não serviria para nós, mas serviu para Kennedy, e ele conseguiu utilizá-los com louvor. Assim, houve vários floreios estilísticos em seu discurso de posse, alguns dos quais são muito citados até hoje. Ele disse, por exemplo: "Pergunte não o que seu país pode fazer por você, mas sim o que você pode fazer pelo seu país."

Em termos de estilo, é fácil ver como isso representa uma escolha radical. "Pergunte não" é uma construção artificial, que quase não usamos no dia a dia. Mas naquele dia específico, naquela situação específica, funcionou para John F. Kennedy. Foi persuasivo. Foi perfeito em termos de invenção, organização e estilo.

Agora, para comparar, veja o seguinte trecho de um discurso de Ralph Nader, quando anunciou que concorreria à Presidência dos Estados Unidos.

> Decidi buscar sua indicação porque é preciso vencer os obstáculos que bloqueiam soluções para as injustiças e os problemas da socie-

dade. O sentimento de impotência e a ausência de um número massivo de americanos das arenas civil e política são algo extremamente problemático. Essa situação deveria ser encarada por um movimento político novo, surgido da labuta, dos recursos e dos sonhos dos cidadãos sobre aquilo que o país pode, afinal, se tornar.

Esse estilo é bem diferente do utilizado por Kennedy, e provavelmente você também o considera muito menos eficaz. Mas o problema não é só o estilo. Em vez disso, encontra-se na primeira parte do *template* – a invenção. Ralph Nader havia construído sua persona de palestrante de tal maneira que não restava alternativa além de falar dessa forma. Ele não conseguiria discursar como Kennedy. Nader não havia estabelecido as bases para uma personalidade forte de orador. Era especialista em políticas públicas e soava como tal, mas pelo menos sua personalidade como orador era condizente com quem ele era de verdade. Nader era autêntico.

Como palestrante, você deve escolher o estilo que utilizará num evento específico com o mesmo cuidado que escolhe suas roupas. Se você vai falar diante de um grupo de fazendeiros num leilão de gado, não se vista como se fosse a um casamento formal ou a um banquete oficial. Partindo dessa mesma lógica, não tente persuadir esses fazendeiros com frases que você diria para a rainha da Inglaterra. O importante é entender suas próprias intenções e necessidades no contexto específico e, com isso, falar de uma forma condizente – desde que tenha a ver com sua personalidade. Seu discurso deve soar adequado àquilo que você é. Para ser persuasivo, sua invenção e seu estilo devem combinar um com o outro.

No Capítulo 1, falamos sobre o perigo de tentar memorizar uma apresentação palavra por palavra. Isso porque você pode travar diante da plateia se memorizar o discurso inteiro e, de repente, der um branco. No entanto, o próximo elemento do nosso *template* da persuasão se chama *memória*, e precisamos saber exatamente o que significa essa palavra no contexto atual.

Hoje em dia, consideramos gênios aqueles que têm grande aptidão para matemática ou ciências, mas no passado a memória era o indicador mais fiel da inteligência de alguém. Talvez por causa dessa expectativa, muitas pessoas tinham uma memória incrível. Até homens e mulheres medianos, muitas vezes sem muita instrução, eram capazes de recitar passagens bíblicas muito longas. Alguns oradores faziam apresentações memorizadas que duravam horas e horas. Era isso que se esperava de pessoas inteligentes, e bons oradores queriam atender a essa expectativa. Veja o caso de Theodore Roosevelt, por exemplo. Certa vez, no Wisconsin, ele fez um discurso de 90 minutos que tinha sido escrito por ele mesmo – um feito notável, especialmente porque o então presidente havia levado um tiro pouco antes de começar a falar. Por sorte, o manuscrito do discurso estava em seu bolso, amortecendo a bala e evitando que ele acabasse morrendo por conta do disparo. O lado ruim foi que, com isso, ele precisou fazer o discurso de memória – e foi o que Roosevelt fez, antes de ir para o hospital.

Mas isso foi no passado, hoje é diferente. Poucas pessoas seriam capazes de fazer um discurso longo totalmente memorizado, e não se espera que ninguém faça isso. Ainda assim, a memória continua tendo um papel importante na oratória persuasiva. Eis um exemplo de técnica de oratória que causa problema para muitas pessoas. Provavelmente você já a viu ser usada, e talvez até já a tenha colocado em prática. No fim da introdução, você diz: "Existem cinco pontos fundamentais a respeito desse tema." Algumas pessoas dificultam ainda mais a própria vida, dizendo ter sete ou até nove pontos a considerar.

E o que acontece? Você fala sobre os primeiros três pontos e começa a ficar preocupado. Então fala sobre mais alguns e fica bem preocupado. Quantos já citei? Quantos faltam? E se você olhar para a plateia, vai perceber que algumas pessoas estão inquietas, querendo que acabe logo.

Muitas outras coisas desse tipo podem acontecer. Às vezes, o palestrante tenta citar uma frase que ilustraria perfeitamente o ponto de vista dele, mas não consegue se lembrar do trecho. Também pode mencionar uma ideia que pretende desenvolver posteriormente, mas não chega a fazer isso.

É aí que a memória – ou a falta dela – entra em cena, e também é possível se referir a ela como equilíbrio ou concentração. Quando dominar esse aspecto do *template* da persuasão, você não terá mais esse tipo de dificuldade. Se você diz que vai comentar sete pontos, você comenta sete pontos – e, acredite, seus ouvintes ficarão impressionados. Se tiver em mente uma certa organização para a sua apresentação, você será capaz de colocá-la em prática na apresentação em si. Você nunca se confundirá ou meterá os pés pelas mãos. Ou, pelo menos, quase nunca.

Digo quase nunca porque, cedo ou tarde, todo palestrante encontra uma pedra no caminho, mas, com o poder da memória, também é possível eliminá-la. Na Antiguidade clássica, quando se esperava que os oradores decorassem discursos longos, sabia-se que até a melhor das memórias falhava vez ou outra. Para se precaver, todo orador contava com um material reserva que poderia ser utilizado assim que surgisse um problema. Podia ser uma história predileta ou uma citação contundente, algo que ele sempre treinava e deixava pronto para usar, como crianças participando de um treinamento de incêndio na escola. Se der um branco no palestrante, a capacidade de recorrer ao material de apoio acaba sendo um importante aspecto do profissionalismo. É bom estar sempre preparado para essa possibilidade. Você nunca deve passar a impressão de que "não sabe o que dizer".

Talvez você esteja pensando: "Será que não dá para evitar muitos desses problemas fazendo uma apresentação em PowerPoint? Não é melhor tirar esse peso das costas projetando numa tela um esquema de tudo aquilo que deveríamos dizer?"

Essa é uma pergunta importante, e vou respondê-la perto do fim do capítulo. Por favor, verifique se eu vou me lembrar mesmo de fazer isso!

Mas antes precisamos ver o último aspecto do *template* da persuasão. Até agora falamos da invenção, da organização, do estilo e da memória. O último elemento é a *execução*. O estilo, como você vai lembrar, é a forma de dizer as coisas, e isso envolve a escolha do vocabulário e a construção das frases. Pode ser expresso tanto numa página impressa quanto numa apresentação oral. A execução, porém, não é apenas o que você diz, mas como diz. Por isso é uma característica exclusiva de apresentações orais.

Para ser persuasivo, você deve ter certeza absoluta de que sua forma de dizer as coisas é a forma como você quer ser ouvido. Pratique a execução o máximo possível e de todas as formas que conseguir: com seus amigos e sua família, e, se possível, diante de pessoas que não conheça tão bem. Ensaie na frente do espelho. Grave áudios e vídeos simulando sua apresentação. Teste diferentes maneiras de dizer a mesma frase e veja qual funciona melhor. Você deve persuadir a si mesmo de que sua apresentação está indefectível antes de ter qualquer expectativa de persuadir outras pessoas. Para ser bem-sucedido nesse processo, só é preciso praticar.

Todo discurso é uma invenção, ou pelo menos deveria ser. Não se deve considerar que o que funcionou no passado funcionará outra vez, porque não existem duas apresentações iguais. Os locais provavelmente são diferentes, os ouvintes também, e, mesmo que todos os outros fatores sejam muito parecidos, o momento em que cada apresentação é feita é sempre novo. Portanto, você vai ter que criar algo para enfrentar os desafios específicos que surgirem nessa nova configuração. Você precisa ser criativo. Mais do que isso, deve ser inovador.

E quais são as melhores técnicas para estimular sua capacidade de resolver problemas, tomar decisões e alcançar objetivos de forma inovadora? As estratégias necessárias para produzir um bom discurso não são muito diferentes das que facilitariam o desenvolvimento de qualquer outro tipo de invenção. Portanto, vamos examinar algumas dessas estratégias.

Combinação. Tudo o que você vê, ouve, toca, prova e cheira ao longo do dia lhe possibilita combinar ideias de diversas formas. Ao escovar os dentes, você pode pensar numa escova que tenha espaço para a pasta dentro do cabo. Ou então no seu espelho com um lema que o lembre de começar bem o dia, por exemplo, "Como posso aumentar minha produtividade hoje?" ou "Sonhe grande!". Isso é uma combinação. Um simples lápis é uma combinação de madeira, grafite, borracha, tinta e metal. Ao longo da história as pessoas criaram ótimos conceitos que geraram lucros, patentes e até empresas bilionárias, tudo isso a partir de novas combinações.

Você pode fazer a mesma coisa com ideias ou até com palavras. Um discurso eficaz deve ser original não apenas naquilo que é dito, mas também na *forma* como é dito. Quando tiver uma ideia e quiser transmiti-la, desafie-se a fazer isso da maneira mais original possível. Como conectar sua ideia a outra, fazendo uma combinação inesquecível e, ao mesmo tempo, inspiradora? De que modo você pode não só dizer algo novo e diferente, mas também de um modo novo e diferente?

Adaptação. Em 1948, um engenheiro suíço chamado George de Mestral voltou de um passeio no campo e encontrou alguns carrapichos presos no casaco. Ao estudar uma dessas plantinhas no microscópio, encontrou um verdadeiro labirinto de fios com ganchinhos nas pontas. Esses ganchos grudavam em tecidos ou na pele de animais. De Mestral imediatamente reconheceu o potencial para um novo e prático prendedor, mas demorou oito anos para desenvolver e aperfeiçoar a invenção. Hoje em dia o velcro é amplamente conhecido e extremamente útil, e melhorou todo tipo de produto, de sapatos a luvas de boxe.

Sempre que alguma coisa chamar sua atenção, explore e descubra formas de utilizá-la em suas apresentações. Você pode e deve fazer isso independentemente do contexto original. Sabe como o braile foi inventado? Já ouviu falar em como surgiu a goma de mascar? Pesquise! Essas histórias interessantes podem acrescentar conteúdos importantes e inesquecíveis à sua fala. É só uma questão de adaptar o que for necessário para os objetivos de uma apresentação e uma plateia específicas.

Substituição. Quando estudar discursos poderosos do passado – inclusive os que são citados neste livro –, pense em formas de usar as mesmas técnicas, substituindo apenas o que for específico para atender às necessidades de seu público. Por exemplo, antes de uma batalha decisiva contra o império persa, Alexandre, o Grande discursou para seus soldados falando sobre a coragem dos pais e avôs deles em batalhas anteriores. Isso aumentou a confiança das tropas. Os militares viram que faziam parte de uma linhagem de vencedores em situações desfavoráveis e acreditaram que também poderiam vencer.

É fácil ver como esse conceito pode ser útil num discurso para uma equipe de vendas, um time esportivo ou até estudantes se preparando para uma prova importante. As estratégias de oratória não têm patente, portanto aproveite-as ao máximo. Aprenda com os grandes e substitua as táticas de acordo com as necessidades.

Pense grande. Por que você acha que, hoje em dia, dezenas de jogadores de futebol americano pesam mais de 130kg? Não é porque os homens desse tamanho são atletas melhores do que os jogadores do passado. Em grande parte, essa mudança ocorreu porque o público quer ver seres humanos *gigantescos* duelando entre si. Pelo mesmo motivo, os espectadores no Coliseu romano queriam ver elefantes. O ser humano tem um interesse inerente por coisas grandes.

Aqui vai uma dica para que esse princípio funcione: encontre maneiras de mencionar números grandes em seus discursos. Não importa o que você pretende provar, desde que as palavras *milhões* e *bilhões* saiam de sua boca, pronunciadas com o maior entusiasmo possível. Você ficará perplexo com o efeito que essa técnica surtirá em sua plateia.

O falecido astrônomo e autor best-seller Carl Sagan era um mestre nessa arte. Seu assunto, o Universo, lhe permitia dizer as palavras *milhões*, *bilhões* e até *trilhões* sempre que quisesse. Era uma das características que o tornavam um palestrante tão eficaz. Provavelmente as plateias de Sagan jamais perceberam o que ele estava fazendo, mas os números muito grandes eram um recurso retórico bastante eficaz. Pense grande e fale grande. Seus ouvintes ficarão felizes em ter você como inspiração.

Como palestrante, você deve sempre reorganizar sua apresentação, mudar o ritmo, alterar a ordem ou até recomeçar do zero. Se você quer estimular seus ouvintes a agir, use combinações, adaptações, invenções em seus discursos – e nunca deixe de pensar grande! Fatores desse tipo aumentam o escopo dos seus discursos e capacitam você a utilizar melhor suas energias. Portanto, quando estiver preparando uma apresentação, deixe sua mente trabalhar por você. Não menospreze nada. O que pode ser mudado, melhorado ou articulado de novas maneiras?

Chegamos ao fim do Capítulo 8, mas antes de concluirmos eu gostaria de falar sobre as apresentações de PowerPoint. Usadas com muita frequência, nenhum livro sobre o assunto seria completo se não as abordasse.

Talvez você tenha a impressão de que o PowerPoint pode transformar qualquer um em um palestrante eficaz de uma hora para outra. Por meio desse artifício, não é preciso se preocupar em montar uma apresentação bem organizada, porque está tudo projetado na tela. Basta ler e fazer alguns comentários. Mas se isso é tudo o que palestrantes *precisam* fazer, isso é tudo que a maioria *vai* fazer. Assim, o PowerPoint se torna um substituto do próprio palestrante. Em vez de a tecnologia ser um recurso visual para os palestrantes, os palestrantes é que se tornam um recurso sonoro para a máquina. Isso elimina das apresentações seu elemento mais poderoso, que é, ou deveria ser, a presença do palestrante em si.

Os gregos tinham uma palavra para isso, *êthos*, que se referia ao apelo pessoal do orador. O *êthos* refletia tanto os elementos verbais de um discurso quanto os não verbais. Ambos deveriam ser cuidadosamente orquestrados para que a apresentação fosse um sucesso. Com o PowerPoint, porém, perdem-se muitos dos elementos que estabelecem o *êthos*. O palestrante não olha para a plateia, e a plateia não olha para o palestrante. A comunicação não verbal, como é o caso do contato visual, fica sem lugar. As apresentações passam a ser meras leituras de slides ou anotações, o que torna a experiência monótona. A apresentação como um todo perde qualidade.

Essa é a maior desvantagem do uso do PowerPoint, mas além disso há alguns problemas técnicos. O PowerPoint funciona melhor para imagens do que para textos. Em geral um slide do programa tem espaço para menos de 10 linhas de texto e no máximo seis palavras por linha. Portanto, se tiver que escrever muita coisa, você terá que passar um monte de slides. Isso significa um monte de cliques e um monte de movimentos bruscos, o que desconcentra a plateia. Mesmo assim, muitos palestrantes podem simplesmente reagir com um "Quem se importa?". É tão fácil se apoiar nos slides que eles nem se preocupam com os problemas.

É uma pena, pois quase todas as apresentações empresariais com PowerPoint seriam melhores sem esse recurso. O palestrante precisaria se esforçar e estudar um pouco mais para conseguir não utilizá-lo, mas é para isso que serve este livro. Se o orador não está disposto a fazer esse esforço, isso significa que não quer investir um pouco de tempo que seja para dominar habilidades fundamentais.

O fato de estar lendo este livro prova que você quer alcançar seu potencial máximo como palestrante. Portanto, deixe o PowerPoint de lado e releia este capítulo. Domine os *templates* de invenção, organização, estilo, memória e execução. Em seguida, vá para o Capítulo 9, onde você aprenderá ainda mais sobre a persuasão.

■ ■ ■

É bem simples: diga o que tiver que dizer e, ao chegar a uma frase com ponto final, termine o discurso.
– Winston Churchill

Discurso é poder: discurso é persuadir, converter, convencer.
– Ralph Waldo Emerson

A palavra certa pode ser eficaz, mas nenhuma palavra é tão eficaz quanto uma pausa na hora certa.
– Mark Twain

9

O poder da persuasão, parte dois

A MENTE HUMANA FUNCIONA de forma fascinante e até misteriosa. É difícil fazer uma afirmação sobre a mente que seja verdadeira para todos, mas uma que chega perto disso é: "O ser humano acredita em qualquer ideia, conceito ou conclusão, até que uma ideia conflitante apareça em seguida." Entende o que isso significa? Se apresentamos uma ideia às pessoas, não é necessário convencê-las de que essa ideia é verdadeira, desde que evitemos o surgimento de ideias discrepantes. Portanto, se ler uma frase como "As calotas da concessionária tal são as melhores do mercado", você vai acreditar que é verdade, a não ser que receba informações que contradigam essa afirmação. Se não receber, você acreditará na afirmação por tempo indeterminado.

Ao nascer, todos recebem aquilo de que precisam para sobreviver. Todas as criaturas, menos uma, nascem com os instintos necessários para isso. A maioria não precisa usar muito o cérebro. O ser humano, por outro lado, precisa não só de um cérebro, mas também de uma *mente*. No texto teatral *The Secret of Freedom* (O segredo da liberdade), de Archibald MacLeish, um personagem diz: "A única coisa humana que encontramos em um ser humano é a mente. Todo o resto pode ser encontrado num porco ou num cavalo." Essa é uma verdade incômoda.

Pense numa águia formidável. É incrível vê-la mergulhar na água e, de primeira, voltar com um peixe. Ainda mais incrível, porém, é sua capacidade de visão. Como precisa enxergar pequenos roedores se movimentando no mato enquanto voa a grandes altitudes, ou um peixe centímetros abaixo da superfície da água, seus olhos ocupam uma parte considerável de sua cabeça. Para a águia, os olhos são o que há de mais importante, e todo o resto funciona em harmonia com eles. Seu cérebro é minúsculo e rudimentar. A ave não é capaz de pensar, se planejar ou se lembrar. Simplesmente age de acordo com os estímulos que recebe.

A maioria das espécies funciona assim. Só uma delas demora 20 anos para amadurecer e domina todas as outras – e hoje em dia tem o poder de destruir toda a vida do planeta em poucas horas. Só uma tem o poder divino de moldar a própria vida de acordo com o que tem em mente.

A mente humana é a única coisa que nos distingue de todas as outras criaturas na Terra. Percebemos tudo o que é importante para nós por meio da mente: o amor que temos por nossa família, nossas crenças, nossos talentos, nosso conhecimento e nossas habilidades. Tudo é refletido por nossa mente. Qualquer coisa que conhecermos no futuro quase certamente terá chegado até nós porque usamos a mente.

Mesmo assim, o último lugar em que as pessoas costumam buscar ajuda é na própria mente. Por que não utilizam automaticamente seus vastos recursos mentais para encarar os problemas? Porque nunca aprenderam a pensar. Muitos fazem de tudo para evitar raciocinar quando precisam lidar com um problema. Pedem conselhos a pessoas que geralmente têm tanto conhecimento quanto eles próprios: vizinhos, familiares e amigos presos nas mesmas armadilhas mentais em que eles se encontram. Poucos usam o poder mental para superar obstáculos.

Porém, para alcançar o sucesso em qualquer área – inclusive para se tornar um grande palestrante –, é preciso resolver os problemas que surgem entre o ponto em que você se encontra agora e o ponto ao qual quer chegar. Todos nós passamos por adversidades. Elas fazem parte da vida. Mas perdemos muito tempo nos preocupando com os problemas *errados*! Uma estimativa confiável mostra que nossas preocupações se dividem da seguinte forma:

Coisas que nunca vão acontecer: 40%
Acontecimentos do passado que não podem ser mudados: 30%
Preocupações desnecessárias com a própria saúde: 12%
Preocupações bobas e aleatórias: 10%
Preocupações legítimas: 8%

Resumindo, 92% das preocupações de uma pessoa mediana ocupam um tempo valioso, causam estresse e até angústia, mas são completamente desnecessárias. As preocupações legítimas se dividem em duas categorias: os problemas que podemos resolver e os problemas que estão além da nossa capacidade de resolução. A maioria dos nossos problemas reais se enquadra no primeiro grupo.

O trabalhador mediano tem à sua disposição alguma quantidade de tempo livre. Se dormimos oito horas por noite durante um ano inteiro, ainda temos cerca de 6 mil horas acordados, e, desse total, passamos menos de 2 mil horas num trabalho de 40 horas por semana. Com isso, temos cerca de 4 mil horas por ano em que não estamos dormindo nem trabalhando. Nessas horas livres, podemos fazer basicamente o que quisermos.

Imagine que você separe apenas uma hora por dia, em cinco dias por semana, para exercitar sua desenvoltura como palestrante. Nem precisa usar os fins de semana para isso. Escolha uma hora do dia para se dedicar a alcançar o mesmo propósito que você tem em mente enquanto lê este livro: tornar-se o melhor palestrante possível.

Durante essa hora do dia, sente-se com um lápis e uma folha de papel em branco. No alto da página, escreva seu objetivo mais imediato relacionado à carreira como palestrante. Talvez seja vencer o medo ou conseguir mais oportunidades de falar em público. Existem dezenas de possibilidades. Em seguida, tendo em vista que seu futuro depende da sua forma de alcançar objetivos, anote toda e qualquer ideia que tiver. Tente pensar em pelo menos 20 itens. Nem sempre você vai conseguir essa quantidade, mas mesmo uma única ideia pode ser valiosa.

Há dois pontos importantes a lembrar. Primeiro: nem sempre é fácil separar uma hora por dia para essa atividade. Segundo: a maioria das suas ideias não será boa. Esse exercício é como começar um novo hábito. No início sua mente vai relutar em "ser arrancada da cama". Mas, conforme você pensa no seu trabalho e em modos de melhorá-lo, escreva cada ideia que surgir, por mais absurda que pareça.

O mais importante a fazer nessa hora é incutir seu objetivo em seu subconsciente e reprogramar sua máquina vital a partir do momento em que você acorda. Vinte ideias por dia. Se você alcançar esse objetivo, terá 100 ideias por semana, e isso porque você nem precisou usar os fins de semana.

Uma hora por dia em cinco dias por semana dá o total de 260 horas por ano, e ainda restarão 3.740 horas livres. Isso significa que você vai pensar em como se tornar um palestrante melhor pelo equivalente a seis semanas e meia de trabalho de 40 horas semanais! E ainda terá sete horas por dia para fazer o que quiser.

Quando começar os dias pensando em como se tornar um palestrante melhor, você perceberá que sua mente continuará trabalhando nisso o dia todo. Em momentos inesperados, quando você menos imaginar, grandes ideias vão começar a se formar no seu subconsciente. Nesse momento, anote tudo. Uma única grande ideia pode revolucionar completamente seu trabalho e, com isso, sua vida inteira.

Todos nós tendemos a subestimar as próprias capacidades. Mas devemos nos conscientizar de que temos dentro de nós reservas profundas de grandes habilidades – até mesmo geniais – que podem ser acessadas se cavarmos fundo o suficiente. Esse é o milagre feito pela sua mente. Quando escrever seu objetivo no alto da folha de papel, não se preocupe com ele. Pense que ele está ali, só esperando que você o alcance, como um simples problema aguardando a chance de ser resolvido. Encare-o com fé e direcione todos os seus poderes mentais para resolvê-lo. E você *vai* resolvê-lo!

Esses comentários sobre a relação entre a mente e a oratória valem especialmente para a persuasão. Gostamos de nos considerar seres lógicos e pensantes, mas a lógica só se torna um fator preponderante quando certas condições são alcançadas. Para compararmos ideias, precisamos ter pelo menos duas delas. Até lá, a persuasão será o resultado de uma sugestão ou de um instinto, não de processos lógicos. Se eu lhe disser que os celulares são completamente inofensivos e não houver nenhuma evidência contrária em sua paisagem mental, você será persuadido apenas pela sugestão que eu fiz. Mas se alguém lhe mostrar um site que questiona a segurança dos celulares, eu terei que lhe apresentar evidências que provem minha afirmação e convencê-lo utilizando argumentos lógicos, não apenas meras sugestões.

Isso tem implicações importantes quando falamos em público, pois no momento em que a informação chega ao ouvinte, você não tem chance de revisar o que disse. Os palestrantes mais persuasivos confiam muito mais nas sugestões do que nos argumentos. Na maior parte das vezes, os ouvintes gostam disso. Afinal, é fácil acreditar; duvidar é mais difícil. Antes de duvidarmos e fazermos perguntas inteligentes, precisamos raciocinar, além de ter experiência e conhecimento. Diga a uma criança que o Papai Noel desce pela chaminé e ela vai acreditar nisso até que outra informação a faça mudar de ideia.

Sua estratégia de persuasão deve ser, em primeiro lugar, plantar uma ideia firmemente na cabeça dos seus ouvintes, e, em segundo, evitar que surjam ideias conflitantes com a sua. Se você dominar a habilidade de alcançar esses objetivos, terá sucesso e lucro fazendo palestras. Simples assim.

E como fazer isso acontecer? Primeiro, tenha em mente que é mais difícil surgirem argumentos contrários ao seu se você falar com paixão e um entusiasmo contagiante. Digo *contagiante* porque é isso que o entusiasmo provoca. Ele bloqueia os impulsos críticos. Funciona como uma barreira natural a ideias divergentes, negativas e opostas. Se seu objetivo é persuadir, lembre-se de que é muito mais produtivo provocar emoções do que fazer pensar. As emoções são mais poderosas do que meras ideias. Mas, para causar emoção, você precisa demonstrar sinceridade, convicção e entusiasmo. Hipocrisia e mentiras destroem até a melhor das apresentações. Por mais que você formule belas frases, evoque belas imagens, tenha uma voz suave e gesticule de forma graciosa, se não for sincero, tudo isso será em vão. Portanto, se você quer convencer o público, primeiro tem que convencer a si mesmo. Aí, sim, poderá se dirigir ao público com sinceridade. Permita que essa sinceridade ressoe na sua voz e brilhe nos seus olhos do momento em que você sobe ao palco até o fim da apresentação.

A sinceridade deve ser combinada com a intensidade. Junto de sua autenticidade, você precisa transmitir sua energia. Três táticas úteis para isso são a *repetição*, a *associação* e o *contraste*. Num primeiro momento, pode parecer que esses três termos são autoexplicativos, mas vamos analisá-los melhor. Provavelmente há muitas coisas que você ainda não sabe.

Quando um novo produto é lançado no mercado, as pessoas o compram não só porque ele surgiu nas prateleiras. Pesquisas mostram que os consumidores precisam de pelo menos nove exposições ao produto – seja em cartazes publicitários, propagandas de TV ou anúncios de jornal – antes de notarem que o produto existe. A partir do momento em que notam, várias coisas acontecem. Primeiro, eles se lembram do nome e da cara do produto, e sua memória é reforçada à medida que veem o produto mais vezes.

Acontece exatamente a mesma coisa numa apresentação oral. Na primeira vez que você apresenta uma ideia – sobretudo se ela não é exposta de maneira atrativa –, é provável que ninguém da plateia dê a devida atenção. Mas se você continuar expondo a ideia, sobretudo de maneiras novas e interessantes, as pessoas não só vão se lembrar dela depois como vão começar a querer ouvir mais a respeito. E isso não é tudo: o mais impressionante é que os ouvintes vão começar a aceitá-la como verdade. Uma estranha característica da natureza humana é o fato de que a repetição tem poder de persuasão. Só de apresentar a mesma informação várias vezes, você torna sua mensagem mais intensa e persuasiva.

"Não é por você contar uma verdade uma, duas ou até dez vezes que as pessoas vão passar a acreditar nela", disse Franklin Roosevelt. "A repetição incessante é necessária para incutir verdades políticas na cabeça do povo. Ao ouvirem sempre os mesmos fatos, aos poucos as pessoas abrem espaço para eles no fundo da mente. Em pouco tempo elas passam a ter tanta certeza desses fatos quanto têm da própria crença religiosa ou patriótica."

Um presidente anterior a Roosevelt, Woodrow Wilson, fez a mesma afirmação com outras palavras. Quando garoto, ele perguntou à mãe por que ela repetia a mesma coisa 20 vezes. Ela respondeu: "Porque você não aprendeu em 19."

Um alerta para quem pretende usar a ferramenta da repetição: se você não conhece várias formas de dizer a mesma coisa o tempo todo, sua repetição corre o risco de se tornar entediante. Se você é capaz de defender seu argumento em poucas palavras, talvez valha a pena criar uma rima. Lembre-se da rima de Johnnie Cochran, advogado de O. J. Simpson, no caso do assassinato da mulher do ex-jogador de futebol americano: "*If it doesn't fit, you must acquit*", algo como "Se a luva não entrar, não pode condenar". Você também pode repetir a mesma ideia de diferentes formas, desde que tenha vocabulário suficiente para fazer isso de maneiras elegantes e interessantes. De seu ponto de observação atrás do púlpito, você perceberá se está funcionando. Se os ouvintes estiverem olhando para o relógio, *não* está funcionando!

A associação é um desenvolvimento da repetição, e ambas devem ser usadas ao mesmo tempo. Por exemplo, num capítulo anterior, dissemos que contar histórias sobre viagens de avião geralmente desperta a curiosidade do público. Estar num avião é o tipo de experiência familiar a grande parte do público, que também pode atrair o interesse. Vamos imaginar que você queira falar sobre a importância de praticar exercícios físicos. Uma forma de fazer isso é simplesmente apresentar estatísticas ou fazer referência a um livro ou artigo que você tenha lido. Talvez isso funcione, mas, se quiser causar um impacto imensamente maior, basta mencionar que leu o artigo quando estava num avião. Parece mágica, mas funciona. O simples fato de associar sua mensagem a certos contextos e experiências tem um efeito amplificador. É muito fácil. Você não muda uma vírgula do conteúdo da apresentação, mas ela se torna muito mais persuasiva.

Ou pense no seguinte uso da associação. Um argumento clássico da história da religião é conhecido como o relojoeiro cego. É assim: certa vez um ateu afirmou, diante de um clérigo devoto, que Deus não existia e o desafiou a provar que ele estava errado. Sem dizer uma palavra, o religioso pegou seu relógio de bolso, abriu-o, mostrou o mecanismo ao ateu e falou: "Se eu lhe dissesse que todas essas alavancas, rodas e molas foram montadas por uma pessoa cega, você acreditaria? Acreditaria que um homem cego, trabalhando na base de tentativa e erro, teria conseguido montar um relógio? Você questionaria minha inteligência se eu fizesse uma afirmação dessas? Claro que sim. Mas olhe para os astros. Todos eles têm direções e movimentos perfeitos – a Terra e os outros planetas ao redor do Sol, e todos esses corpos celestes juntos viajando a milhões de quilômetros por dia. Cada astro é um sol com o próprio grupo de planetas, viajando pelo espaço como nosso sistema solar. Mesmo assim, não há colisões, perturbações ou confusões. Tudo isso em silêncio, de forma eficiente e controlada. É mais fácil acreditar que tudo isso simplesmente surgiu do nada ou que é obra de alguém?"

Você não precisa acreditar na teoria do design inteligente – aliás, nem na teoria da evolução – para perceber que esse é um argumento impressionante do ponto de vista da retórica. Qual técnica o religioso usou? Bem, ele começou estabelecendo um terreno comum – uma associação. Fez seu oponente concordar com ele a respeito do relógio, depois deu o segundo passo. Mostrou que acreditar numa divindade é tão simples e inevitável quanto acreditar num relojoeiro com visão, não cego.

Mas imagine que o religioso tivesse respondido de forma mais agressiva, dizendo: "Não seja idiota! Você não sabe do que está falando!" O que teria acontecido? Provavelmente os dois teriam tido uma discussão – talvez acalorada, mas certamente inútil. O ateu teria defendido seu ponto de vista com o mesmo nível de fanatismo que o religioso havia usado para atacá-lo. Por quê? Porque essa era sua opinião, e sua preciosa e indispensável autoestima teria sido ameaçada. Seu orgulho estaria em jogo.

Como o orgulho é uma característica bastante explosiva da natureza humana, é muito melhor fazer o orgulho das pessoas trabalhar a seu favor, não contra você. Para isso, você precisa mostrar que sua proposta é semelhante a algo em que seus ouvintes já acreditam. Assim, torna-se mais fácil aceitarem sua proposta e evita-se que propostas contraditórias ou opostas às suas ideias coloquem em xeque o que você disse.

O clérigo mostrou conhecer bem o funcionamento da mente humana. Não é todo mundo que possui a sutil habilidade de se adequar às crenças de seus ouvintes. A maioria simplesmente imagina que, para vencer uma guerra, precisa verter ataques frontais. O problema é que nesse tipo de confronto geralmente não há vencedor. Muitos estragos acontecem, mas nenhum lado consegue convencer o outro de qualquer coisa.

Com relação às associações, nossas preocupações a respeito de qualquer assunto podem mudar de acordo com a situação. Por exemplo, uma plateia pode estar mais focada no lado financeiro de uma questão, enquanto outra pode querer saber do impacto ambiental. Essas diferenças são uma questão de importância. Cada ouvinte dá determinada importância a um assunto. Para que sua apresentação seja mais eficaz, associe seus argumentos a ideias que você sabe que são importantes para o público em questão. Esse conhecimento é fundamental e deve influenciar suas estratégias de forma drástica. Quando um assunto é importante para um grupo de ouvintes, é provável que eles estejam bem informados sobre isso e se mostrem céticos diante de uma informação que seja radicalmente conflitante com as que eles já têm. Caso queira persuadir esse tipo de plateia, você precisará apresentar motivos fortes e bem elaborados. Talvez não precise apresentar diversos argumentos, mas aqueles que você optar por utilizar precisam ser irrefutáveis. Por outro lado, um público que não dê muita importância para o assunto sobre o qual você vai falar provavelmente aceitará o que você tem a dizer sem grandes dificuldades. Em vez de querer ouvir apenas seus argumentos mais fortes, eles vão preferir ouvir basicamente tudo o que você tiver a dizer. Portanto, nesse caso pode-se usar a ferramenta da associação à vontade.

Nossa terceira ferramenta é o contraste, e essa provavelmente é a mais poderosa de todas. Assim como a repetição e a associação, o poder do contraste se conecta com uma característica fundamental da natureza humana. As pessoas são muito mais eficazes em reconhecer as *diferenças* entre as coisas do que em notar as qualidades inerentes a algo por si sós. Elas se sentem à vontade para emitir julgamentos sobre coisas, mas gostam de fazer isso por meio de comparação com outras. Portanto, quando dizem que alguém é inteligente ou comunicativo, na verdade querem dizer que é mais inteligente ou comunicativo do que outras pessoas.

Essa tendência humana se aplica não só a argumentos e ideias, mas também às sensações. Coloque a mão esquerda num balde de água fria e a direita num balde de água quente. Deixe-as aí por um tempo, depois mergulhe as duas num terceiro balde, esse de água morna. A esquerda vai parecer quente, e a direita vai parecer fria. É o princípio do contraste inerente ao ser humano. Acenda uma luz no escuro e ela parecerá mais clara do que de fato é. Um odor ruim parece pior se você notá-lo depois de sentir um cheiro agradável. Existem inúmeros outros exemplos de todas as áreas da vida.

Eis um exemplo de como funciona o princípio do contraste. Imagine que você é um executivo do setor de pesquisa e desenvolvimento de uma multinacional de produtos para o lar. Sua empresa está tentando decidir se deve construir um novo laboratório para a sua divisão. Você foi encarregado de orçar os custos da construção do laboratório. Recebeu algumas orientações a respeito do orçamento, mas o valor que a empresa está disposta a gastar ainda não foi confirmado.

Você quer ter o melhor laboratório possível, portanto, quando apresenta o resultado da pesquisa aos executivos da empresa, sabiamente decide usar os princípios que estamos discutindo. Você é sincero e está entusiasmado. Usa a repetição, a associação e sobretudo o contraste com maestria. Começa dizendo:

"Senhoras e senhores, tenho alguma noção da quantia disponível para este projeto e quero apresentar algumas opções da maneira mais clara possível. Por exemplo, o gasto mínimo para se construir um novo laboratório é de 3 milhões. Vou lhes mostrar como seria um laboratório financiado por esse valor."

Você mostra uma imagem – pode ser o projeto arquitetônico da fachada ou a planta – de uma estrutura medíocre. Deve ser não pavorosa, mas rudimentar: um laboratório comum de pesquisa e desenvolvimento. Caso faça isso da maneira correta, os diretores ficarão decepcionados em maior ou menor grau ao ver a imagem. Será algo implícito, talvez até inconsciente, mas acontecerá. Agora você está pronto para projetar outra imagem, que reflete um orçamento maior e um resultado bem mais atraente.

O grau de persuasão que você vai alcançar ao mostrar as duas imagens será incrivelmente maior do que se exibir apenas a segunda. O contraste é extremamente simples, mas poderoso. Não pense demais sobre esse poder, apenas deixe-o trabalhar a seu favor.

Também é preciso analisar algumas variações do contraste. Às vezes você quer apresentar um contraste extremo em vez de duas ideias mais ou menos parecidas. Se quiser falar sobre as mudanças climáticas, pode retratar um cenário verdadeiramente catastrófico comparado a outro bem melhor. O público pode ser convidado a escolher entre um caos ambiental e uma situação bem mais sustentável. Utilizar esse contraste radical pode ser uma boa escolha quando sua intenção for incentivar as pessoas a fazerem mudanças drásticas de estilo de vida.

Eis outra opção: em vez de apresentar apenas duas alternativas, também é possível oferecer o máximo de opções possível. Você pode dizer: "Vejam o que vamos conseguir se investirmos 1, 2 ou 3 milhões" e por aí vai. Ao se usar essa abordagem, surgem duas possibilidades: os ouvintes vão tentar simplificar a decisão e resumir tudo a uma escolha entre duas alternativas – e quanto mais claro o contraste, melhor – ou talvez fiquem tão confusos que não consigam tomar qualquer decisão. Portanto, se você está fazendo uma apresentação e tem o objetivo de ocupar o tempo, oferecer várias opções contrastantes pode ser uma estratégia eficaz. Existe uma boa chance de o assunto voltar para a fase de estudos. Você conseguiu persuadir seu público a não ser persuadido, ao menos por enquanto.

Até agora, analisamos algumas das ferramentas mais poderosas que um palestrante pode empregar para persuadir seu público. Vimos como a sinceridade, a repetição, a associação e sobretudo o contraste o ajudam a alcançar seus objetivos. Poderíamos falar muito mais a respeito da persuasão, mas, para não estender este capítulo, vamos acelerar um pouco o ritmo. Já discutimos os axiomas mais importantes da persuasão, então agora vamos analisar alguns princípios secundários. Essas táticas rápidas e contundentes podem trazer o público para o seu lado imediatamente. Talvez você não consiga usar todas numa mesma apresentação, mas certamente deve usar o máximo possível.

Por exemplo, as pessoas estão interessadas em *atividade*. A atenção delas é atraída para tudo o que se move, brilha ou pisca. Se for adequado, use um objeto com essas características na apresentação. Mas, quando terminar de usá-lo, tire-o do campo de visão dos ouvintes. Se quiser mostrar algo num mapa, certifique-se de que os pontos estão bem coloridos e que o mapa inteiro pode ser facilmente visto de qualquer lugar do auditório. Mas quando terminar de usá-lo, tire-o do palco ou desligue o projetor. Não permita que o objeto que funcionou tão bem como novidade se torne uma distração pelo mesmo motivo.

Outra tática: palavras e imagens vívidas são mais persuasivas do que abstrações e hipóteses. Portanto, mencione nomes de pessoas, lugares e marcas sempre que puder. Compare as seguintes frases: "Quando eu me mudei para uma cidade nova, tive que dirigir de uma ponta a outra atrás de um supermercado" e "Quando eu me mudei para o Rio, passei um tempão dirigindo o meu Turbo X procurando um Supermercado Comprão". Ao familiarizar os ouvintes com a imagem criada, você os convence de que ela é real.

Assim como é importante criar familiaridade, a *proximidade* é fundamental. As pessoas prestam mais atenção nas coisas que estão próximas do que nas que estão longe. Portanto, quando sentir que tem experiência suficiente para fazer isso com naturalidade, não hesite em sair de trás do púlpito para interagir com o público. Além de usar a proximidade física, você deve construir proximidade a partir do que diz. Se pretende ilustrar seu argumento, pense numa notícia que tenha chamado sua atenção de manhã. Mencione pessoas e lugares próximos, acontecimentos recentes. Você conseguiria dizer algo de positivo sobre o palestrante anterior a você? Uma boa opção é se referir a uma pessoa da plateia citando o nome dela – sobretudo se essa pessoa for conhecida dos outros ouvintes.

O público gosta de coisas familiares e presta atenção em coisas novas e diferentes. Você pode unir essas duas tendências trazendo uma nova informação sobre uma pessoa, um lugar ou algo que eles já conheçam. Melhor ainda se tiverem certeza de que sabem tudo a respeito do tema. Quem foi o seu mestre de cerimônias? Que fato interessante você descobriu sobre ele enquanto se preparava para o evento? Como incorporar esse fato à sua apresentação de forma a fazer o público simpatizar com você? Quanto mais afeição conquistar, mais o público vai confiar em você – e, com isso, mais persuasivo você será.

O *suspense* é outra excelente ferramenta para prender a atenção, e quando você o utiliza corretamente, sua mensagem se torna mais persuasiva. Quando o assunto é falar em público, criar suspense não significa deixar as pessoas preocupadas ou com medo – é simplesmente compartilhar informações de uma forma interessante e surpreendente. Por exemplo, se as eleições estiverem chegando, você pode fazer uma pergunta que crie suspense sobre política. Algo como: "Desde 1960, quantos senadores concorreram à Presidência dos Estados Unidos, e quantos deles ganharam a eleição?" Não precisa responder logo em seguida. Aliás, provavelmente não deve fazer isso. Diga apenas: "Volto a essa questão daqui a pouco, e acho que a resposta surpreenderá vocês." Caso esteja curioso, até o momento em que este livro foi escrito a resposta era 40, e os únicos que chegaram de fato à presidência foram John F. Kennedy e Barack Obama.

Uma advertência com relação ao suspense: certifique-se de que a informação é impactante o suficiente para merecer o interesse que você gerou. O público fica irritado quando um palestrante diz algo como "falarei sobre isso mais tarde", mas depois revela algo banal ou simplesmente se esquece de voltar ao assunto. Uma boa forma de se preparar para isso é se apresentar diante de seus amigos. Se a reação deles for quase inexpressiva ou parecer forçada quando ouvirem o desfecho, não use o suspense em sua apresentação.

O *conflito* provavelmente é ainda mais confiável que o suspense como ferramenta para atrair o interesse do ouvinte. As pessoas prestam atenção numa boa briga, sobretudo quando o motivo do conflito é claro e exige ação. Quando se pronunciou numa sessão conjunta do Congresso americano em 20 de setembro de 2001, o então presidente George W. Bush falou: "A liberdade e o medo estão em guerra. O progresso da liberdade humana, que é a maior conquista da nossa era e a grande esperança de todas as eras, agora depende de nós." Inúmeros comentaristas políticos consideram esse o melhor discurso do governo Bush. Nesse momento dramático da história do país, o presidente o descreveu como um conflito claro entre o bem e o mal. Muito provavelmente você não terá que se pronunciar para uma nação inteira após um ataque que matou 3 mil pessoas, mas tenha em mente que os ouvintes querem ser desafiados e mobilizados. Convença-os de que eles estão do lado certo, e o resto virá facilmente.

Independentemente de quantas técnicas de persuasão você utilizar, é fundamental que as empregue de forma clara e organizada. Tendo em vista que cada indivíduo de sua plateia vai reagir de forma diferente às suas técnicas, é importante que você sempre utilize diversas delas. No entanto, embora existam várias maneiras de reagir positivamente, você receberá uma reação negativa universal se sua palestra parecer dispersa e sem foco. Quando você apresenta ideias que têm uma relação lógica e consistente, o público passa a confiar em você. E quanto mais o público seguir sua linha de raciocínio, mais facilidade você terá para mantê-lo atento à mensagem que deseja transmitir. Se você comunica suas ideias de maneira aleatória e confusa, o público começa a pensar em muitas coisas, menos naquilo que você está tentando dizer.

Estudos indicam que as pessoas prestam mais atenção quando sabem o que esperar, e você tem dois meios de preparar o público nesse sentido. No primeiro método, conhecido como previsão, basta dizer quais serão as principais partes de sua apresentação. Fale algo como: "Antes de tudo, vou analisar os dois grandes motivos para o crescimento da população a oeste das Montanhas Rochosas, depois vou falar sobre as implicações desse crescimento na indústria de materiais de construção." Se utilizar a previsão na introdução, você dará às pessoas uma visão geral da apresentação e permitirá que elas esperem pelas partes principais.

Uma segunda forma de dar a entender que você é muito organizado é durante as transições entre as partes da apresentação. As transições podem funcionar como sinalizações verbais, indicando o próximo assunto importante a ser abordado. Essas passagens podem ser elaboradas de diversas formas, e a verdadeira provação de um grande palestrante é ter a capacidade de executá-las de maneira elegante. Se você conseguir demonstrar inteligência nesse momento, ótimo, mas se não conseguir pensar em nada, tente simplesmente falar de forma clara. Utilize uma transição prática, como "Com base nesse breve histórico, podemos seguir para o próximo tópico" ou "Agora vamos para a segunda das minhas três opções". Muitos palestrantes têm problemas com as transições, mas você não terá dificuldade caso se lembre do verdadeiro propósito delas.

■ ■ ■

Existem três coisas que devemos almejar na
oratória: primeiro, entre no seu assunto; depois,
deixe o assunto entrar em você; e, por último, faça
o assunto entrar no coração do seu público.
– ALEXANDER GREGG

Quando não tiver nada para dizer, fique parado;
quando a paixão genuína fizer você se mexer,
diga o que tem a dizer, e com fervor.
– D. H. LAWRENCE

Domine o assunto, e as palavras brotarão.
– CATÃO, O VELHO

10

Criatividade e a Fórmula Mágica

Todas as pessoas criativas são únicas, mas compartilham certas qualidades. Por exemplo, em qualquer ramo – inclusive no da oratória –, homens e mulheres criativos sabem que a mente humana é uma fonte inesgotável. Mas, para acessar essa fonte, devemos constantemente expandir nosso estoque de informações, pensamentos e conhecimentos. Devemos extrair ideias de todos os lugares possíveis, inclusive de outras pessoas – sempre dando o devido crédito às suas contribuições. Todo mundo tem ideias; elas são livres, e muitas são excelentes. Ao escutar as ideias alheias e refletir a respeito antes de julgá-las, as pessoas criativas evitam o preconceito e o pensamento limitado. Essa é a forma de manter um clima de invenção que conduz ao crescimento.

Ideias são como peixes: parecem ter um talento especial para fugir de nós. Por isso as pessoas criativas sempre têm à mão um lápis e um bloco de notas. Isso é obrigatório. Quando tiver uma ideia, anote-a. Vale até digitar no celular ou mandar para o próprio e-mail. Muitas pessoas mudaram sua vida por causa de uma única grande ideia. Ao registrar as ideias assim que surgem, você não corre o risco de esquecê-las.

Expandir o círculo de amigos e aumentar a base de conhecimento são duas técnicas muito eficazes das pessoas criativas. Por terem um interesse genuíno nos outros, as pessoas criativas escutam atentamente quando seu interlocutor está falando. São extremamente observadoras, absorvendo tudo o que veem e ouvem. Comportam-se como se as ideias e os interesses de todas as pessoas que encontram contivessem a chave secreta para o sucesso. Por isso sempre fazem questão de conversar sobre os interesses do outro. A recompensa é uma enxurrada de ideias e informações que, de outra forma, seriam perdidas.

As pessoas criativas anteveem as próprias realizações. Esperam pelo sucesso. Essa postura gera uma enorme produtividade que afeta todos a seu redor. As pessoas criativas tornam *as outras* mais criativas.

Além disso, elas veem os problemas como desafios. Se não existem problemas, restam poucos motivos para pensar. Indivíduos criativos sabem que ficar simplesmente se preocupando com os problemas é perda de tempo, portanto investem energia na resolução deles.

Quando os criativos têm uma ideia, dão uma série de passos no intuito de melhorá-la e a analisam de todos os ângulos. Constroem grandes ideias a partir de ideias pequenas ou antigas. Associam, combinam, adaptam, substituem, ampliam, reorganizam e até refazem ideias.

Pessoas criativas e produtivas são assim não graças ao material que alcançam, mas sim motivadas pela necessidade de serem criativas e produtivas. Elas agiriam da mesma forma se morassem numa ilha deserta sem ninguém para se beneficiar ou sequer saber do que estão fazendo. Elas sentem prazer em produzir algo. Os benefícios materiais para si mesmas ou para outras pessoas são bem-vindos, mas secundários.

Toda pessoa criativa é um artista no sentido mais verdadeiro e amplo da palavra – e muitas vezes os artistas são incompreendidos. Um grupo de artistas que foram rejeitados pelo sistema dominante de uma época criou uma associação para se defender. Esses artistas eram Degas, Pissarro, Monet, Cézanne e Renoir. Cinco dos maiores artistas de todos os tempos fazendo aquilo em que acreditavam, mesmo mediante a rejeição total.

Renoir foi alvo de chacota e rejeição não só do público, mas também de outros artistas, no entanto continuou pintando. Até Manet disse a Monet: "Renoir não tem nenhum talento. Você, que é amigo dele, deveria sugerir da forma mais gentil possível que ele desistisse da pintura."

Na velhice, Renoir sofreu muito com o reumatismo, sobretudo nas mãos. Vivia com dores constantes. Quando Matisse visitou Renoir já idoso, percebeu que cada pincelada do pintor lhe causava uma nova dor. Então perguntou:

– Por que você ainda está pintando? Por que continua se torturando?

– A dor passa, mas o prazer, a criação da beleza, permanece – respondeu Renoir.

Certo dia, quando tinha 78 anos e finalmente se tornara famoso e bem-sucedido, ele afirmou:

– Ainda tenho muito que evoluir.

No dia seguinte, Renoir morreu.

Este é o objetivo da pessoa criativa: continuar progredindo, aprendendo, produzindo, apesar das dores ou de qualquer outro problema. Criar porque *precisa*.

Em grande medida, todos os desafios de nossa vida envolvem obstáculos parecidos. Alcançar objetivos, construir um patrimônio financeiro e falar em público são semelhantes de diversas maneiras. Todos exigem eficácia na tomada de decisões. A parte difícil é que às vezes precisamos encarar o que parece ser uma lista infinita de possibilidades. Afinal, o dicionário tem inúmeras palavras com as quais podemos construir nosso discurso. O problema é escolher as corretas!

O primeiro passo para resolver qualquer problema é entendê-lo, e isso se aplica ao desafio de falar em público. Você sempre deve ter certeza de que o compreende antes de tentar solucioná-lo.

Em seguida, você deve anotar tudo o que souber a respeito dele. Esses dados podem vir de sua experiência, de livros com informações históricas e estatísticas ou da internet. E certamente deste livro!

Terceiro, escolha quem vai consultar. Faça uma lista com os nomes de pessoas e organizações que sejam autoridades reconhecidas no problema. Essa é a sua oportunidade de buscar todas as informações. Após determinar quem pode ajudá-lo, procure essas pessoas, converse com elas e extraia todas as informações possíveis.

Depois, faça uma anotação sobre cada aspecto que seja relevante para o problema. Evite o risco de esquecer qualquer coisa que possa ajudá-lo a encontrar a solução.

O quinto passo para resolver um problema com criatividade é chamado de concepção individual. Na prática, você fará algo parecido com um brainstorming pessoal – pensar sem o freio crítico. Nesse momento, não tente avaliar se as ideias são boas ou ruins, simplesmente anote-as assim que surgirem. Você poderá filtrá-las mais tarde.

Uma ideia costuma levar a outra melhor. Não se preocupe se algumas parecerem extravagantes ou impraticáveis. Nesse momento seu objetivo é apenas anotar todas as ideias que surgirem. Não rejeite nenhuma – passe todas para o papel!

Após fazer isso, avalie as ideias de acordo com a eficácia e a dificuldade de execução. Em termos de eficácia, uma ideia pode ser classificada como "muito eficaz", "provavelmente eficaz" e "duvidosa". A dificuldade de execução pode ser "baixa", "média" e "alta". Essa classificação indicará claramente a probabilidade de sucesso de qualquer solução. Priorize as ideias classificadas como "muito eficaz" e de "baixa" dificuldade de execução.

Imagine que você é o dono de uma fábrica e que suas equipes de vendas e marketing tenham tido algumas ideias para aumentar as vendas. Digamos que uma delas seja repaginar completamente um dos produtos que sua empresa já oferece ao público. Vamos verificar se essa ideia é eficaz. Você sabe que o produto atual atende a uma demanda e é aceitável para o público consumidor. E quanto a um produto completamente modificado? Se não forem feitos vários testes de marketing e não houver um período de fabricação para venda, será difícil dizer até que ponto ele seria eficaz para o aumento das vendas. Melhor classificar a ideia como "duvidosa".

E quanto à dificuldade de execução? Ela seria "baixa", "média" ou "alta"? "Alta", não? Exigiria uma nova engenharia, novas ferramentas, novos planos de fabricação, uma nova embalagem e novos métodos de marketing.

Imagine, porém, que a equipe de vendas tenha tido a ideia de veicular anúncios numa grande rede de televisão. Essa saída seria "provavelmente eficaz" e de dificuldade "média", mas seria factível.

Digamos que outra ideia seja criar um novo programa de incentivo às vendas direcionado aos profissionais que estão à frente do problema – os vendedores. Um programa bem concebido e bem implementado com recompensas para os profissionais que melhorassem seu desempenho teria grande chance de ser "muito eficaz". Ao mesmo tempo, a dificuldade de execução seria relativamente "baixa". Provavelmente aumentaria as vendas da empresa.

Você pode usar vários outros parâmetros para fazer essa avaliação. Dois deles são o tempo e o dinheiro. Por exemplo, para o dono da fábrica que quer aumentar as vendas, mudar completamente o produto consumiria bastante tempo e dinheiro. A propaganda de TV seria muito dispendiosa. Por outro lado, a criação de um programa de incentivo às vendas possivelmente não custaria muito tempo nem muito dinheiro.

Portanto, não esqueça que, ao avaliar suas ideias, é preciso utilizar os quatro seguintes parâmetros: eficácia, dificuldade, tempo e custo. Nem toda ideia vale a pena, e é por isso que você deve avaliá-las da maneira mais adequada e cautelosa possível. Quando terminar essa avaliação, é hora de agir.

Coloque suas ideias num plano de ação: escolha quem desempenhará cada papel, quando deve terminar, quando começar e como fazer. Todas essas considerações são importantes, porque a execução da solução é tão importante quanto a solução em si.

Crie um deadline para pôr o plano em prática. Nós trabalhamos com mais afinco e eficiência quando temos um limite de tempo. Portanto, anote a data em que a solução deve estar em funcionamento. Vale lembrar que, ao lançar uma nova ideia, o momento certo é fundamental. Portanto, considerando a situação como um todo, calcule cuidadosamente o deadline. Talvez valha a pena anotar uma segunda data – aquela em que você planeja ter resolvido o problema.

Por maior e mais complexo que seja, todo problema tem solução. Vá atrás dela! A história é repleta de pessoas que acreditaram que um problema não tinha solução e, por isso, *não a encontraram*, mas também de pessoas que acreditaram que havia solução e a *encontraram* – o mesmo problema, perspectivas diferentes, uma abordagem bem-sucedida, outra não. Que tipo de pessoa você será ao falar em público?

Desenvolver a capacidade de falar em público talvez seja um trabalho mais desafiador que aumentar a capacidade produtiva ou de vendas. O lado emocional de ser um palestrante de sucesso não é tão fundamental em outras áreas do mundo dos negócios. Falar em público é algo muito complexo, e há milhares de livros que abordam esse assunto. Mas, além das técnicas detalhadas que acabamos de discutir, há uma ferramenta igualmente útil e surpreendentemente simples. No pouco tempo gasto para ler este capítulo, você pode aprender um método infalível para fazer com que sua apresentação seja memorável e inspire os ouvintes a realizar mudanças imediatas e positivas. Tudo isso é possível com base na técnica que Dale Carnegie intitulou Fórmula Mágica – e você, quando começar a usar essa técnica, perceberá que o nome é pertinente.

O objetivo da oratória é inspirar algum tipo de ação. Uma conversa casual num café ajuda a passar o tempo, mas esse não é o nosso foco aqui. Quando fica de pé diante de um grupo de pessoas, você quer que elas façam algo. Se fizerem o que você deseja após sua apresentação, então seu discurso pode ser considerado um sucesso. Se você está fazendo uma apresentação de negócios, pode ser que queira que um novo cliente importante se comprometa a fazer uma compra. Ou, se for uma apresentação interna, que queira obter autorização para formar uma equipe de projeto ou para desenvolver um novo produto. Esses são objetivos comuns para apresentações formais, mas o fato é que mesmo simples conferências ou apresentações de atualização podem estimular um ouvinte a agir. Portanto, você deve fazer esse pedido de maneira eficaz.

Quando o discurso não é eficaz, geralmente é porque não foi apresentado no formato ideal. Trataremos desse assunto neste capítulo, primeiro através da Fórmula Mágica, depois por meio de três esquemas simples que podem ser aplicados a praticamente qualquer apresentação. Mas há um princípio fundamental para tudo o que você está prestes a ler. É necessário começar suas apresentações de uma forma que crie e prenda o interesse dos ouvintes, e é fundamental terminá-las de modo a motivá-los e estimulá-los a agir.

Portanto, desde o começo da apresentação, você deve ter o fim em mente. A ideia é começar pensando na ação que deseja ver a plateia executar e, a partir daí, trabalhar de trás para a frente. Com isso, você estará pronto para se conectar com a Fórmula Mágica, que fará o público agir da forma que você deseja.

A Fórmula Mágica surgiu quando Dale Carnegie estava começando a dar aulas pelos Estados Unidos. Por causa do tamanho das turmas, cada aluno tinha apenas dois minutos para fazer os exercícios práticos. Isso não afetava a apresentação quando o objetivo do palestrante era simplesmente entreter ou informar. Mas quando o objetivo era estimular o ouvinte a agir, dois minutos não bastavam, sobretudo se a fala tivesse um formato tradicional. Uma apresentação com introdução, meio e conclusão simplesmente não engatava, mas desde os tempos mais remotos era assim que discursos e apresentações eram organizados. Portanto, era necessário surgir algo novo e diferente, um método infalível para inspirar as pessoas a agir com base em um discurso de dois minutos.

Para suprir essa necessidade, os instrutores da organização Dale Carnegie buscaram ajuda em Los Angeles, Chicago e Nova York. Professores universitários e executivos de grandes corporações também foram consultados. A partir desse grupo diversificado, um novo estilo de oratória estava prestes a nascer, uma abordagem simplificada que refletiria nossa era orientada para a ação.

Essa era a Fórmula Mágica. Assim como muitas ideias poderosas, é enganosamente simples e tem apenas três passos.

Primeiro, compartilhe uma experiência pessoal intensa de transformação pessoal e que tenha a ver com a ação que deseja estimular.

Segundo, peça diretamente à plateia que execute essa ação.

Terceiro, descreva com toda a clareza e convicção os benefícios de fazer o que foi proposto.

Ao usar a Fórmula Mágica, você deve se certificar de que cada palavra seja importante. Se aplicada de maneira correta, a fórmula é adequada ao estilo de vida contemporâneo, pois não dá espaço para enrolação e comodismo. O tempo de concentração das pessoas hoje em dia é simplesmente curto demais para essas coisas. Seus ouvintes querem ver você agir da mesma forma que você quer vê-los agir, e, com a Fórmula Mágica, você oferece ação desde a primeira palavra.

Como é baseada no suspense, a fórmula é ideal para palestras curtas. Os ouvintes ficam entretidos com sua história, mas não sabem qual é o objetivo da apresentação antes de dois ou três minutos. Essa tática é necessária para o sucesso em situações nas quais você vai fazer um pedido trabalhoso para a plateia. Por exemplo, nenhum palestrante que pretende fazer as pessoas darem dinheiro vai começar dizendo: "Senhoras e senhores, estou aqui para coletar cinco reais de cada um." Mas se você contar um incidente pessoal para ilustrar o problema que pretende resolver, suas chances de receber apoio aumentarão de forma significativa.

A primeira parte da Fórmula Mágica – o acontecimento pessoal – tomará quase todo o tempo. Precisa ser uma descrição vívida de uma experiência que tenha lhe ensinado uma lição. Conforme se prepara para contar a história, você deve ter consciência de que as pessoas aprendem lições de duas maneiras básicas: por meio da Lei da Extensão, que se refere a uma série de acontecimentos semelhantes que provocam uma mudança no nosso padrão de comportamento, e da Lei do Efeito, segundo a qual um único acontecimento é tão poderoso que provoca em nós uma mudança de conduta.

Na primeira parte da fórmula, é preciso recriar parte de sua experiência de forma a fazer a plateia sentir a mesma coisa que você sentiu originalmente. Você deve falar tudo de forma clara, intensificando e dramatizando suas experiências para torná-las mais atraentes para o público.

Para aprender a fazer isso não é necessário adquirir novas habilidades, apenas eliminar impedimentos. Como palestrante profissional, seu objetivo deve ser falar com calma e naturalidade, como se estivesse diante de um amigo ou um parente próximo.

Com frequência, os professores dos cursos Dale Carnegie interrompem os participantes no meio de um discurso para lembrá-los de falar normalmente – não como se tivessem incorporado um diplomata ou um professor universitário. Segundo o próprio Dale Carnegie: "Muitas vezes voltei para casa cansado de tentar forçar meus alunos a falar com naturalidade. Acredite: não é tão fácil quanto parece."

Quando você conta uma história da sua vida, em especial uma que seja bastante significativa, a única maneira de soar natural diante do público é ensaiar, tanto sozinho quanto diante de qualquer plateia que você conseguir reunir. Nos ensaios, se você perceber que está falando de modo artificial, faça uma pausa e pergunte a si mesmo o que há de errado. Lembre-se do que é importante nesse tipo de apresentação. Use a técnica de se dirigir diretamente a uma pessoa, seja ela imaginária ou um ouvinte real. Escolha alguém – uma pessoa no fundo da sala, talvez a mais entediada que conseguir encontrar – e fale com esse indivíduo. Esqueça que existe mais gente no recinto. Então simplesmente converse! Imagine que está respondendo a uma pergunta feita pela pessoa que escolheu. Se essa pessoa se levantasse e falasse com você, você responderia de modo mais informal, natural, direto. Portanto, imagine que é exatamente isso que está acontecendo.

Você também pode usar uma técnica parecida, fazendo perguntas em voz alta durante a apresentação. Pode ser algo como "O que eu achava que aconteceria depois?" ou "Por que eu fiz uma coisa dessas?". Em seguida, responda à pergunta. Embora a princípio pareça artificial, é possível executar esse tipo de estratégia com naturalidade. Isso vai quebrar a monotonia da apresentação e fazer você parecer uma pessoa mais direta, agradável e informal.

O objetivo da primeira parte da Fórmula Mágica é fazer com que você fique sob influência total dos próprios sentimentos. Quando isso acontecer, seu verdadeiro eu virá à tona. As barreiras são derrubadas, destruídas pela força da sua emoção. Isso remete a algo que já enfatizamos diversas vezes ao longo do livro: coloque seu coração em suas apresentações.

Veja o caso do falecido ator Christopher Reeve, famoso por interpretar o Super-Homem. Após ficar tetraplégico devido a um acidente de cavalo, ele se tornou um porta-voz das pessoas com a mesma condição. Quando o Congresso cogitou a possibilidade de destinar verbas para pesquisas sobre esse tipo de deficiência, Reeve se colocou diante do Comitê de Finanças do Senado e falou sobre seu acidente. Apesar de estar sentado numa cadeira de rodas, enfraquecido e com dificuldade de se fazer compreender, sua mensagem foi poderosamente clara. Veio de dentro dele. Seu coração estava em suas palavras.

Seu coração estava em suas palavras. Esse é o segredo. Coloque seu coração nas palavras quando contar sua história. É possível que as pessoas achem entediante ouvir falar sobre coisas ou ideias, mas elas dificilmente deixarão de dar atenção se você falar sobre algo que esteja no seu coração. Todos os dias milhões de conversas acontecem entre vizinhos, em cafés e à mesa do jantar – e qual é o tema predominante na maioria? Personalidades humanas. Histórias sobre seres humanos reais.

Uma aluna de Dale Carnegie esclareceu essa questão. Ela era diretora escolar e havia conversado com muitos grupos de alunos nos Estados Unidos e no Canadá. Em suas palavras, "aprendi rapidamente que, para mantê-los interessados, eu tinha que contar histórias sobre pessoas. Assim que eu começava a generalizar e falar de coisas abstratas, alguma garotinha ficava inquieta e se mexia na cadeira. Logo depois um garoto fazia careta para alguém. E em pouco tempo algum garoto estava atirando um objeto do outro lado da sala de aula".

Quando um grupo de empresários americanos em Paris se inscreveu no curso de oratória de Dale Carnegie, o primeiro exercício que precisaram fazer foi um discurso de dois minutos intitulado "Como ser bem-sucedido". A maioria começou a fala elogiando as virtudes que as pessoas aprendem em casa. Pregaram, fizeram sermão e entediaram os ouvintes. Em dado momento, o instrutor parou a aula e disse: "Ninguém quer ouvir essa lenga-lenga. Ninguém gosta disso. Lembrem-se, vocês precisam ser concisos e falar com paixão. Do contrário, ninguém vai prestar atenção no que estão dizendo. É simples assim. Além disso, nunca esqueçam que uma das coisas mais interessantes do mundo é uma autorrevelação honesta. Por isso falem sobre quem são e sobre sua origem. Falem a respeito de seus sucessos e fracassos. As pessoas ficarão felizes em ouvir, não vão esquecer o seu discurso e vão agir inspiradas em você. Aliás, é muito mais fácil fazer uma apresentação revelando algo pessoal do que fazendo sermões longos e prolixos."

No passado, a oratória tratava de generalidades e das chamadas "verdades universais". Esse tempo passou. A regra agora é lidar com fatos concretos que falam por si sós. Talvez um palestrante da velha guarda diga que nasceu "pobre, mas tinha pais honestos". Os de hoje em dia podem até falar sobre a própria pobreza, mas se tiverem sido desonestos quando jovens, vão precisar ser totalmente honestos a respeito disso.

Quando você se familiarizar com a primeira parte da Fórmula Mágica, vai fazer mais do que apenas contar uma história. Você vai revivê-la, e o público vai vivê-la com você. Sua apresentação não será simplesmente aceita de forma passiva – ela deixará o público envolvido. Com isso, você irá preparar a plateia para o passo seguinte da Fórmula Mágica.

Já aprendemos que uma história contundente de aprendizado ou transformação pessoal é o primeiro estágio da Fórmula Mágica. Após escutá-la, seus ouvintes ficarão ansiosos para saber o que você tem a dizer em seguida e ficarão decepcionados se você não fizer isso. Portanto, agora, na fase dois, você informará à plateia exatamente que ação deseja que eles executem. E *ação* é uma palavra escolhida com bastante cuidado, pois deve ser específica e executada com foco. Precisa ser breve. Quando Christopher Reeve se pronunciou no Congresso americano, não pediu que eles saíssem dali e mudassem de vida, não implorou que transformassem o sistema de saúde americano, nem sequer pediu uma mudança radical no tratamento de lesões na medula. Em vez disso, falou sobre uma lei que aumentaria o financiamento para pesquisas sobre o assunto.

Este é o ponto fundamental da fase dois da Fórmula Mágica: faça seu apelo da maneira mais breve e vívida possível. Coloque-se no lugar de alguém falando diante de um comitê, como fez Christopher Reeve. Para alcançar o efeito máximo, você não deve sequer falar sobre a lei em si. Enfatize algum detalhe mais cotidiano. Fale sobre "pegar a caneta e colocar a tinta no papel". Nada abstrato ou cansativo. Nada que uma criança não seja capaz de entender. Mais que tudo, deve parecer algo *fácil de fazer*. Faça com que seus ouvintes não pensem nas implicações daquilo que você está pedindo. Faça-os se concentrarem apenas na ação física. E faça isso com força e convicção.

Um bom exemplo disso é a famosa frase do astronauta Neil Armstrong quando pisou na Lua pela primeira vez. "Um pequeno passo para um homem..." A ênfase reside na ação física cotidiana. Armstrong atrelou o momento a algo que qualquer pessoa seria capaz de entender. Depois, o resto da frase fluiu naturalmente: "Um salto gigantesco para a humanidade" teria parecido pretensioso se antes ele não tivesse fundamentado sua frase no cotidiano.

Essa parte da fórmula não deve tomar muito tempo. Lembre-se: a necessidade original era de um formato que pudesse ser executado dentro de dois minutos. Tente reduzir o que está sendo pedido na fase dois. Isso deve se refletir no tempo que você demora e no número de palavras que vai usar. Na fase dois da Fórmula Mágica, menos é mais.

Chegamos à terceira e última fase. Talvez valha a pena pensar nela como a imagem espelhada da fase dois, porque agora, em vez de dizer aos ouvintes o que quer que eles façam, você deve falar do que vão conquistar. Mostre o enorme benefício que eles vão obter a partir da simples ação que você solicitou deles. Perceba que eu disse *benefício* – no singular, não no plural. Isso não é um jogo em que você vai ganhar um carro novo *mais* uma máquina de lavar roupa *mais* férias no Havaí para duas pessoas com tudo pago. Num ambiente profissional, as pessoas não acreditam nisso. Procure apenas deixar claro que, quando os ouvintes executarem a ação que você solicitou, um grande benefício estará à espera deles. Se a lei apoiada por Christopher Reeve passasse no Congresso americano, os políticos seriam reconhecidos por terem feito algo extremamente positivo. Isso era tudo o que precisavam ouvir. Eles foram inteligentes o bastante para entender como esse reconhecimento poderia ser traduzido em votos na eleição seguinte.

Então vamos resumir o uso correto da Fórmula Mágica. Trata-se de uma técnica para criar uma ligação entre você e a plateia da forma mais rápida possível, para motivá-la, inspirá-la e fazê-la agir. Tenha em mente as três partes da fórmula: primeiro, a história pessoal que culmina em uma mudança positiva na sua vida. Pode ser uma mudança que aconteceu ao longo do tempo ou que tenha acontecido de repente, como resultado de um acontecimento transformador. Fale desse acontecimento com paixão e vigor. O ideal é que você praticamente reviva esse momento, para fazer o público revivê-lo com você. Considerando-se os três componentes da fórmula, sua história pessoal deve ocupar a maior parte do tempo. Ao final da apresentação, os ouvintes devem se sentir energizados, engajados e ávidos por saber aonde você pretende levá-los.

A fase dois deve ocupar muito menos tempo do que sua história pessoal, mas, apesar de curta, deve ser igualmente contundente. É nessa fase que você pede ao público que faça algo simples, positivo e cotidiano, e esse pedido deve fluir naturalmente da história pessoal que eles acabaram de ouvir. Se você precisa de fundos para uma iniciativa de filantropia, por exemplo, peça aos presentes que façam um cheque, mas que façam isso ali, na hora, e mantenham o foco na ação física. Deixe que *as próprias pessoas* façam a ligação entre a história que você contou e a ação que estão executando. Se você contou a história de maneira eficaz, elas vão atender ao seu pedido. Se não foi o caso, tentar consertar o pedido a essa altura não vai funcionar. Procure apenas manter esse pedido simples e fácil de realizar. Usando o menor número de palavras possível, peça aos ouvintes as mudanças positivas que você deseja que eles implementem.

A terceira fase da fórmula não dura muito mais que a segunda, e é quando você ajuda a plateia a olhar pelo outro lado da lente. O tempo para a terceira fase é curto, mas o foco é muito mais amplo. Agora você contará aos ouvintes qual benefício obterão ao fazerem o que foi pedido. O ideal é que você se refira especificamente a apenas um benefício, mas ele deve ser significativo o bastante para que as pessoas o considerem importante e vantajoso. Por exemplo, se na fase dois você pediu que um grupo de estudantes se inscrevesse num curso de verão, na fase três você vai dizer que ao fazer isso eles vão garantir o acesso à faculdade. Não precisa dizer mais nada. Com poucas palavras você deixou claro que o benefício é enorme e tem grandes consequências.

Use esta técnica, pratique-a e você verá que o nome Fórmula Mágica é bem pertinente.

■ ■ ■

A Fórmula Mágica que você acabou de aprender é uma estrutura de apresentação que foi útil para milhares de participantes da organização Dale Carnegie. Com um pouco de treino, essa técnica transformará você em um palestrante refinado no menor tempo possível. Porém, para otimizar a fórmula e as outras ferramentas apresentadas aqui, você não pode ignorar o ambiente prático e físico no qual se apresentará ou os itens que esse ambiente precisa ter para que sua palestra seja um sucesso. Portanto, vamos concluir este capítulo dando uma olhada rápida nesse aspecto.

Na manhã do evento, ou na noite anterior, repasse sua apresentação novamente. Use um espelho ou imagine que está diante de uma plateia enquanto ensaia.

Se possível, mais cedo, no dia da apresentação, avalie a sala onde você vai se apresentar. Procure possíveis problemas, como pontos cegos ou sons que venham de fora do local. Tudo pode ser resolvido se for pedido aos organizadores com antecedência e educação. Se você pretende utilizar apoio audiovisual, como um retroprojetor, certifique-se de que ele está instalado da forma correta. Se precisar de qualquer equipamento extra, essa é a hora de pedir. Se não for você a pessoa que vai controlar esses aparelhos durante a apresentação, determine quem executará essa tarefa.

Hoje em dia, muitas apresentações – se não a maioria – contam com o uso de computadores, e é normal haver contratempos, que em geral ocorrem nos piores momentos. Eis alguns problemas que podem acontecer:

O programa instalado no computador do local é compatível com o arquivo salvo da sua apresentação? As fontes, os marcadores e as cores continuam iguais?

O computador do local tem placa de som? O sistema de som está no volume correto e ideal?

Faça uma cópia de segurança do arquivo num laptop que não vá usar e leve-o com você. Ou mande o arquivo para si mesmo por e-mail. O ideal é poder acessá-lo no local da apresentação.

Se a sala for espaçosa, esteja preparado para usar microfone. Teste-o antes da chegada do público. Veja se outros acessórios necessários estão prontos para uso, como, por exemplo, o quadro-branco, marcadores de texto, apagador e apontador laser. O apontador laser costuma descarregar rápido, então, caso vá utilizar um, certifique-se de que esteja com a bateria carregada. Quando for escrever num cavalete, use no máximo sete palavras por linha e sete linhas por página. Além disso, escolha cores vivas e fortes. Vá além do texto: crie diagramas e imagens.

Não tenha medo de pedir alguns minutos para si antes da apresentação – entre 15 e 30 minutos são o padrão. Use esse tempo para fazer uma última checagem das suas coisas e também dos textos de introdução e encerramento. Não permita que membros da plateia se aproximem para bater papo, pois você pode se distrair.

Se possível, evite ficar atrás do púlpito ou da mesa durante toda a apresentação. Fique ao lado da tela de projeção ou do quadro-branco, e, se possível, perto do público. Caso distribua folhetos aos presentes, evite lê-los durante a apresentação. O público não vai saber se deve ler junto ou se deve ouvir você ler.

Fale com a plateia. Não permaneça muito tempo virado para os apoios visuais, como os cavaletes ou a projeção do retroprojetor. Além disso, quando for o caso, cuidado para não ficar de pé entre o público e a projeção. Fale claramente e em voz alta para que todos possam ouvir. Se possível, circule pelo recinto enquanto fala. Esse movimento cria uma proximidade física com o público. O ideal é que você esteja preparado para adotar uma abordagem alternativa caso sua escolha original não tenha dado certo. Você deve confiar no seu material o suficiente para que os interesses e as preocupações da plateia – não o seu esquema da apresentação – determinem o formato a ser usado.

Tenha em mente o horário da apresentação e quanto tempo tem para falar. O horário pode afetar a plateia. A apresentação real da maioria dos palestrantes demora cerca de 25% a mais que os ensaios. Usar um cavalete ou outros apoios visuais também faz esse tempo aumentar. Lembre-se: é melhor terminar um pouco antes da hora do que estourar o cronômetro.

No próximo capítulo falaremos sobre como lidar com perguntas e respostas, mas tenha em mente que você sempre deve prestar atenção em todos os comentários da plateia. Mesmo discordando, tente usá-los para formar algum argumento em vez de contradizê-los. Por fim, assim como deve chegar ao local da apresentação antes do público, você também deve ser o último a ir embora.

Uma palestra de sucesso depende de um bom planejamento logístico e de uma boa execução. No próximo capítulo veremos que falar em público pode envolver pressão e às vezes até conflitos com os ouvintes, mesmo quando você está com todos os outros fatores bem encaminhados. O teste-chave de um palestrante é demonstrar habilidade para enfrentar esses momentos com equilíbrio e paciência.

▪ ESTUDO DE CASO ▪

Franklin Delano Roosevelt

EIS UM TRECHO DO PRIMEIRO EPISÓDIO DE *Conversas ao pé da lareira*, de Franklin Delano Roosevelt:

> *Quero falar por alguns minutos com o povo dos Estados Unidos sobre o sistema bancário – com os poucos que compreendem os mecanismos do sistema, porém mais particularmente com a imensa maioria que usa bancos para fazer depósitos e descontar cheques. Quero contar a vocês o que tem sido feito nos últimos dias, por que foi feito e quais serão os próximos passos. Reconheço que os muitos anúncios feitos pelas assembleias legislativas estaduais e por Washington, a legislação, as normas do Tesouro etc. – grande parte de tudo isso com muitos jargões bancários e jurídicos – devem ser explicados para o cidadão comum. Eu lhes devo essa explicação sobretudo tendo em vista a tolerância e a serenidade com que todos aceitaram os inconvenientes e as dificuldades provocados pelo feriado bancário. Sei que quando vocês entenderem o que nós, em Washington, temos passado, eu continuarei tendo sua cooperação total, assim como pude contar com sua solidariedade e seu apoio na semana passada.*
>
> *Antes de tudo, permitam-me esclarecer um simples fato: quando você deposita dinheiro num banco, o banco não coloca esse dinheiro num cofre. Ele investe seu dinheiro em diferentes tipos de títulos de crédito, papéis comerciais, hipotecas e muitos outros tipos de empréstimo. Em outras palavras, o banco põe seu dinheiro para trabalhar e com isso mantém as engrenagens da indústria e da agricultura girando. Uma parte relativamente pequena do dinheiro que você põe no banco é mantida em dinheiro vivo – uma quantidade que, em tempos normais, é mais que suficiente para cobrir as necessidades de um cidadão médio. Isto é, o total de dinheiro vivo em circulação no país é só uma pequena parte do total de depósitos em todos os bancos.*

Então o que aconteceu nos últimos dias de fevereiro e primeiros dias de março? Devido à perda de confiança por parte do público, grande parte da população correu para os bancos com o objetivo de transformar depósitos bancários em ouro ou moeda corrente – e a correria foi tão grande que nem os bancos mais sólidos conseguiram dispor de moeda suficiente para suprir a demanda. O motivo disso foi que, no calor do momento, foi impossível vender ativos bancários perfeitamente seguros e convertê-los em dinheiro, a não ser por preços muito mais baixos que o valor real, provocados pelo pânico.

Na tarde de 3 de março não havia praticamente nenhum banco aberto no país. Os governadores de quase todos os estados haviam emitido portarias permitindo que eles fechassem total ou parcialmente.

Foi quando eu promulguei um decreto determinando feriado bancário nacional, e esse foi o primeiro passo do governo rumo à reconstrução dos nossos sistemas econômico e financeiro.

Roosevelt foi eleito pela primeira vez numa época em que o país estava afundado em uma depressão terrível. Havia 13 milhões de desempregados, e a grande maioria dos bancos estava de portas fechadas. Roosevelt precisava encontrar um meio eficaz de se comunicar com o país, de encorajar e levantar o moral do povo.

Em 12 de março de 1933, ele realizou o primeiro *Conversas ao pé da lareira*, um programa de rádio no qual explicava à nação como o país se recuperaria da crise bancária que estava acontecendo. Aquela foi a primeira de 31 "conversas" do presidente americano com o público. Sua voz soava sempre calma e reconfortante enquanto ele falava sobre diversos assuntos e estimulava a população a lhe contar seus problemas.

Roosevelt sabia perfeitamente qual era o perfil de seu público, e tomou cuidado para que suas conversas fossem compreendidas pelo americano médio. Ele usava uma linguagem simples, chegando ao ponto de fazer com que a grande maioria das palavras de suas conversas estivessem entre as mil mais utilizadas no vocabulário do idioma inglês.

O estilo de oratória de Roosevelt era informal, e ele contava histórias e anedotas para explicar os temas complicados que o país encarava. Muitas vezes ele se referia a seus ouvintes como "vocês" e "nós", fazendo surtir, assim, uma sensação de intimidade entre o público e o presidente.

A Casa Branca recebeu uma enxurrada de cartas enviadas por americanos que reagiram positivamente a esses programas de rádio. Muitas dessas pessoas tinham a impressão de que estavam conversando com o presidente pessoalmente, no conforto do lar.

Através do rádio, e com essas conversas cuidadosamente preparadas e apresentadas, Roosevelt criou com o público um elo que nenhum outro presidente havia criado antes nem criou desde então.

Aqui está outro trecho do primeiro *Conversas ao pé da lareira*:

> *Nosso sistema bancário estava numa situação ruim. Alguns dos nossos banqueiros tinham se mostrado incompetentes ou desonestos na administração dos recursos das pessoas. Eles haviam pegado um dinheiro que o povo tinha confiado a eles para fazer especulações financeiras e empréstimos ruins. Claro que isso não foi o que aconteceu na grande maioria dos nossos bancos, mas ocorreu em um número suficiente para chocar o povo, deixá-lo inseguro e acabar com sua capacidade de discernimento. Com isso, foi como se os atos de alguns poucos contaminassem todo o sistema. A função do governo é corrigir o problema quanto antes – e esse trabalho está sendo feito.*
>
> *Não prometo que todos os bancos serão reabertos nem que ninguém terá perdas pessoais, mas não haverá perdas que poderiam ter sido evitadas, e haveria perdas maiores e em maior número se continuássemos sem agir. Posso até prometer a salvação de alguns bancos em pior situação. Faremos de tudo para não apenas reabrir bancos sólidos, mas também para criar bancos sólidos através da reorganização. Para mim, tem sido maravilhoso perceber o clima de confiança em todo o país. Jamais conseguirei demonstrar toda a minha gratidão às pessoas pelo apoio leal que deram ao aceitar a avaliação que ditou nosso curso de ação, embora nem todos os processos tenham ficado claros para elas.*

Afinal, existe um elemento na reorganização do nosso sistema financeiro que é mais importante que dinheiro e mais valioso que ouro: a confiança das pessoas. A confiança e a coragem são essenciais para o sucesso da execução do nosso plano. Vocês devem ter fé; não devem se deixar levar por rumores e dúvidas. Vamos nos unir para banir o medo. Nós oferecemos as ferramentas para restaurar nosso sistema financeiro; agora cabe a você dar seu apoio e fazê-lo funcionar.

O problema é tanto meu quanto de vocês. Juntos, não fracassaremos.

■ ■ ■

Aquele que deseja persuadir deve confiar não
no argumento correto, mas na palavra correta. O poder
do som sempre foi maior que o poder da razão.
– JOSEPH CONRAD

O importante não é quanto você está convencido
do seu argumento, mas, sim, quanto eles estão
convencidos após você falar.
– TIM SALLADAY

Se você não é capaz de encaixar sua mensagem numa
frase, então não será capaz de transmiti-la em uma hora.
– DIANNA BOOHER

11
Como lidar com perguntas e respostas

NÃO IMPORTA SE SUA APRESENTAÇÃO é longa ou curta: as partes mais importantes são o começo e o fim. Mas o que exatamente define o fim de uma palestra? Resumindo, a apresentação não acaba quando você termina o que tem a dizer. No momento em que chega a esse ponto, a maioria dos oradores abre espaço para perguntas do público, e muitas vezes essa é a parte mais importante e memorável da apresentação.

Uma sessão de perguntas e respostas é, ao mesmo tempo, um desafio e uma oportunidade. É quando você tem a chance de esclarecer a mensagem que quer transmitir, reforçar os pontos fundamentais e descobrir as resistências da plateia. O lado negativo é que algumas perguntas são difíceis de responder, sobretudo se você não estiver bem preparado. Às vezes também pode acontecer de um ouvinte dominar a discussão – ou pelo menos tentar fazer isso. Algumas plateias são tímidas ou apáticas; outras, simplesmente hostis.

A maioria das sessões de perguntas e respostas segue um padrão definido. Em geral você será aplaudido ao fim da apresentação. Então poderá dizer algo como: "Tenho X minutos para tirar dúvidas. Quem quer fazer a primeira pergunta?" Uma expressão de expectativa no seu rosto será a deixa. Você deve começar toda sessão de perguntas e respostas estabelecendo o limite de tempo. Às vezes é bom deixar isso bem claro, dizendo a quantidade exata de minutos, sobretudo se sua palestra foi mais longa do que o esperado. Em geral, contudo, é melhor não estipular o tempo, dizendo: "Tenho alguns minutos para responder às suas perguntas." Mesmo que tenha tempo de sobra, nunca fale: "Tenho duas horas para responder às suas perguntas." Você e o público vão se arrepender!

Dizer claramente a quantidade de tempo disponível ajuda a manter as perguntas curtas e diretas. Suas respostas também devem ser concisas. Talvez você queira gastar mais tempo numa resposta específica, sobretudo se tocar em um ponto que você não conseguiu abordar durante a apresentação em si.

Nessa parte das dúvidas, sua capacidade de interagir com o público será avaliada. Como não é possível prever quais perguntas serão feitas, como você pode se preparar para isso?

Um bom ponto de partida é aprimorar sua capacidade de escutar. Talvez você não saiba, mas, tanto quanto falar, ouvir é uma habilidade que pode ser aprimorada. Como muitos palestrantes não têm consciência disso, acabam não treinando essa capacidade. Mas o fato é que você não vai conseguir responder bem a uma pergunta se não a tiver ouvido da forma correta. Portanto, estude os problemas a seguir. São apenas alguns dos que surgirão com frequência, mas lhe darão uma ideia dos cuidados necessários.

1) Interromper quem está fazendo a pergunta. Às vezes, o apresentador está totalmente convicto de que sabe tudo. Como resultado, não percebe qual o nível de compreensão do público a respeito do tema. Quando isso acontece, muitos palestrantes perdem a paciência e interrompem o ouvinte. Essa atitude pode prejudicar o orador muito mais do que se ele escutasse a pergunta inteira e desse uma resposta ruim.

Existe apenas uma exceção: às vezes, é melhor interromper uma pergunta vaga e desconexa. Afinal, é você quem está se apresentando, e seu tempo é limitado. Mesmo assim, é importante interromper com educação. Diga algo como: "Então você está querendo saber se...?" Isso vai direcionar a pergunta e lhe dará uma base para começar a responder. Lembre-se de que a sua capacidade de interagir com o público está sendo avaliada. O importante é não só o que você diz, mas sua forma de lidar com os problemas secundários.

2) Não olhar para a pessoa que está fazendo a pergunta. O contato visual é tão importante na sessão de perguntas e respostas quanto durante a palestra principal. Quando alguém falar, preste toda a atenção na pergunta. Demonstre respeito olhando para a pessoa

e ouvindo com toda a solicitude possível. Uma coisa não funciona sem a outra. Quando tiver certeza de que a pessoa acabou de falar, pare para pensar. Talvez você se sinta tentado a responder logo em seguida, sobretudo se a pergunta teve um tom hostil. Mas não se apresse para falar. Além de demonstrar educação, parar para pensar pode aumentar sua credibilidade, pois você passa a impressão de que está levando a pessoa a sério e refletindo cuidadosamente sobre a pergunta.

Olhe para a pessoa que fez a pergunta e repita o que ela falou – não palavra por palavra, mas parafraseando. Isso é bastante importante se a plateia for grande, pois talvez nem todos tenham ouvido tudo com clareza. Ao repetir a dúvida, você também se certifica de que entendeu o que a pessoa perguntou.

Quando começar a responder, pare de olhar diretamente para quem fez a pergunta e fale para toda a plateia. Lembre-se de que está falando em público e que todos devem ouvir sua resposta. Permaneça numa posição neutra, igualmente distante de todos os ouvintes. Evite a tentação de se dirigir diretamente à pessoa que fez a pergunta. Visualmente, isso faz com que o resto do público se sinta excluído.

3) Apressar a pessoa que está fazendo a pergunta, como se estivesse desperdiçando seu tempo. Por que a pressa? Todos escutaram você o tempo inteiro, agora é sua vez de escutar um pouco. Não fique tão acostumado a falar a ponto de não ser capaz de ouvir. E, quando começar a responder, tente ser conciso e direto. Não acabe fazendo outra apresentação. O público vai ficar entediado ou até irritado. Além de tudo, é possível que a única pessoa interessada na resposta seja a que perguntou!

4) Simplesmente não responder à pergunta. Como veremos adiante neste capítulo, existem maneiras de transmitir sua mensagem principal numa sessão de perguntas e respostas independentemente do que foi perguntado. Mas isso precisa ser feito com elegância. Você não pode simplesmente ignorar a pergunta e repetir o que falou durante a apresentação.

5) Esse é um problema muito comum e muito triste. A pessoa que faz a pergunta conta um incidente ou uma anedota, e você ignora o relato e ainda conta uma história sua por cima, em geral começando com "Isso me lembra quando..." ou "Uma vez, aconteceu o seguinte comigo...". Se você ouvir essas palavras saindo da sua boca durante a parte das dúvidas, pare na hora, pois está indo na direção errada.

6) Perguntas sugestivas, maliciosas e digressivas. Intencionalmente ou não, os ouvintes podem lançar perguntas-armadilha que deixarão você em maus lençóis caso não responda da forma correta. Por exemplo, você pode deparar com uma pergunta sugestiva, aquela que estimula ou até empurra você na direção de determinada resposta, ignorando outras possibilidades. São as chamadas "perguntas fechadas". Exemplo: "O CEO está com problemas, não acha?" Perceba que há uma resposta afirmativa implícita na pergunta em si. Um exemplo mais radical: "O senhor acha que os problemas do CEO estão piores do que nunca?" A melhor forma de lidar com esse tipo de pergunta é sempre discordar e emendar com uma explicação. Responder "sim" faz com que você se comprometa com um ponto de vista extremo, e tudo o que você disser depois poderá parecer irrelevante.

Não responda a perguntas maliciosas diretamente. Reflita bem e desarme-as antes de falar qualquer coisa. Vamos supor que alguém pergunte: "O que vocês estão fazendo com todo o dinheiro recebido com o aumento dos preços?" Desarme a hostilidade dizendo: "Entendo sua frustração com o aumento recente nos preços. Acho que você está querendo saber por que houve um aumento tão repentino nos preços." Em seguida, responda a essa pergunta, não à original, que é maliciosa.

O conflito só surge quando você acaba respondendo a uma investida maliciosa. Se a pessoa que fez a pergunta não ficar satisfeita com sua resposta, sugira falar sobre o assunto após o término da sessão. Em seguida, passe rapidamente para a próxima dúvida.

Quando as perguntas começam, você precisa encarar várias possibilidades. Às vezes, sob a desculpa de fazer uma pergunta, um ouvinte pode fazer um comentário mais longo ou até uma palestra inteira.

A pergunta se transforma em um transtorno. A pessoa segue sem parar, a ponto de fazer você ter vontade de ir embora. Então, quando você enfim tem a chance de responder, a pessoa imediatamente dispara outra dúvida. Você tem que saber como lidar com isso.

Para o seu próprio bem, e o de todos no auditório, você precisa ser firme. Talvez precise interromper e dizer: "Mas qual é a sua pergunta?" Em geral isso é suficiente para agilizar as coisas. Depois, o melhor a fazer é responder rápido, sobretudo se o longo comentário tiver sido hostil. Ao ser breve, você acaba mantendo o tempo gasto com aquela pessoa na média do tempo total gasto com os outros. Não permita ser arrastado para um longo debate.

Em geral não tem problema responder a uma pergunta feita na réplica, mas ao final dê a vez para outra pessoa. Não se explique nem se desculpe. Simplesmente passe a palavra. A plateia vai entender e provavelmente ficará grata.

Às vezes, a negatividade na pergunta faz com que, sem querer, você responda no mesmo tom. Veja o caso de uma questão típica que pode surgir: "Quais problemas você teve nos últimos tempos?" A pergunta tem embutida a noção de que você vem tendo problemas, mas agora vamos falar apenas sobre os mais recentes. A palavra *problema* pode instigar você a pensar de forma negativa.

Já as perguntas digressivas oferecem outra tentação. Esse é o tipo de questionamento que pode afastar o palestrante de sua verdadeira área de interesse e fazê-lo rememorar algo que de repente lhe pareça interessante, mas que não tenha muito a ver com o que o público quer ouvir. Esse tipo de questão pode lhe custar boa parte do tempo disponível e também da atenção dos ouvintes.

Acho que você consegue perceber como perguntas que induzem a alguma resposta específica podem fazer você cair em tentação. Mas perguntas que *não* induzem a nada também podem ser complicadas. Em vez de fazer você cair na tentação de falar demais ou de responder algo inadequado, certas dúvidas são tão vagas que você não faz ideia do que responder. Muitas vezes vêm de pessoas que têm medo de falar em público. A pergunta é importante para elas, mas a verdadeira importância é o desafio que existe em simplesmente reproduzi-la em público. A pergunta em si muitas vezes é simples. Quando isso acontece, em geral vale a pena pedir mais detalhes. Pergunte algo como "O que você quer dizer com isso ou aquilo?" ou "Pode me falar mais sobre esse assunto?". Nesses casos, uma das maneiras mais eficazes de entender melhor é simplesmente repetindo a pergunta. Assim, você pode usar as mesmas palavras ou parafrasear a questão, talvez enfatizando a parte sobre a qual deseja mais informações.

Às vezes ninguém faz nenhuma pergunta. Em geral isso significa que os ouvintes não estão se sentindo seguros o bastante para falar. O irônico é que isso costuma ocorrer quando sua apresentação foi especialmente impactante. Então sua tarefa agora é motivar o público. Você pode dizer, por exemplo: "Uma coisa que sempre me perguntam é..." Depois de responder à questão hipotética, você diz: "Alguém tem uma pergunta diferente?" Se continuarem sem falar, não entre em pânico. Seus ouvintes querem preencher esse silêncio tanto quanto você, mas, se nada surgir, pergunte e responda outra questão hipotética. Duas bastam. Se mesmo assim ninguém se pronunciar, agradeça à plateia pela atenção, repita o argumento final de sua palestra em uma frase e simplesmente desligue o microfone ou afaste-se do púlpito. Seu trabalho acabou. Raramente isso vai acontecer, mas é sempre bom estar preparado para essa possibilidade. Em geral, costuma haver muito mais perguntas do que tempo disponível, sobretudo depois que alguém da plateia faz a primeira pergunta.

Portanto, para lidar com esses problemas e outras armadilhas comuns que surgem nas sessões de perguntas e respostas, você deve treinar não só a oratória como também a capacidade de escutar. Conforme suas habilidades aumentam, você aprende a reconhecer certos padrões nas perguntas e fica mais fácil lidar com elas.

Oradores experientes sabem como se ater à mensagem que desejam transmitir a despeito de qualquer distração. Essa é uma habilidade importante a ser aprendida. Como parte de sua preparação geral para a apresentação, você deve ter um pequeno número de frases-chave e ideias centrais que deseja transmitir a qualquer custo. Elas devem ser incluídas na apresentação em si, mas a sessão de perguntas é um ótimo momento para reforçar essas ideias na mente do público. Com treino, você aprenderá a fazer isso de maneira educada, não importa qual tenha sido a pergunta. Ao agir assim, você não estará sendo evasivo, estará apenas aproveitando todas as oportunidades para dizer o que pretende.

Jamais julgue as perguntas. Evite dizer "Boa pergunta" ou "Essa é uma ótima pergunta". Se o próximo ouvinte não receber um elogio semelhante, vai parecer que, de alguma forma, você desaprova a questão dele. Isso também pode desestimular os outros a fazerem perguntas. Se você quer elogiar, diga simplesmente "Obrigado pela pergunta". Certifique-se de que todos se sintam igualmente bem ao se pronunciarem.

Em geral, é uma boa ideia responder dando uma informação nova e surpreendente, ou com uma abordagem diferente da que você usou na palestra. Em vez de responder como o público espera, siga outra linha. Seja "ingênuo". Seja franco. Quebre as regras. Diga a verdade segundo seu ponto de vista, ainda que seja algo inesperado. Mesmo que sua resposta gere discordância, seja honesto de uma forma que pegue a plateia desprevenida. Isso não vai prejudicar sua credibilidade, desde que sua resposta pareça bem fundamentada.

Às vezes, despejar um caminhão de informações pode ser uma boa estratégia. A pessoa que aplicou essa tática de forma mais competente talvez tenha sido o ex-presidente americano Bill Clinton. Ele sempre brilhava nas sessões de perguntas e respostas, e, durante seu mandato, muitas delas foram televisionadas. A quantidade de informações detalhadas que ele detinha sempre impressionava, independentemente de você concordar ou não com o que ele dizia.

Caso não se sinta à vontade para responder a alguma pergunta específica, você pode simplesmente fazer outra pergunta. Essa é uma maneira honesta de obter mais informações, ou uma tática para ganhar tempo. Se o diálogo se tornar belicoso, você pode se mostrar mais enérgico, porém mantendo o controle. Coloque em xeque a pergunta que foi feita. Diga que outras perguntas são mais importantes ou devem ser feitas primeiro. Se você sentir que é justo e necessário, pode até questionar a legitimidade da pessoa que o provocou, retrucando com: "Você deveria estar perguntando isso?" Em seguida, faça você mesmo uma pergunta – e responda. Essas medidas são extremas, mas, como um palestrante de impacto, você deve estar preparado para encarar toda uma gama de reações. Lidar com conflitos de maneira correta mostra que você tem conhecimento e profissionalismo. Mas sempre mantenha a compostura e nunca deixe transparecer raiva. Mesmo que você diga algo que soe inflamado ao ser lido, mantenha um tom de voz neutro e a irritação sob controle. Se achar que determinada questão não é relevante, seja franco e diga algo como "Acho que essa pergunta não se encaixa no contexto da nossa discussão". Faça um esforço para não perder a calma com uma pessoa que esteja tentando manchar sua imagem. Sorrir é fundamental numa sessão de perguntas e respostas.

Sempre que abre espaço para a participação do público, você corre o risco de enfrentar reações inesperadas. Portanto, antecipe-se ao inesperado. Planeje-se tanto quanto possível. Olhe para o seu material e pense em tudo que os ouvintes possam perguntar. Prepare perguntas para você mesmo responder. Não tenha medo de dizer "Não sei" e partir para a questão seguinte. Você pode acrescentar que terá o maior prazer em entrar em contato com a pessoa depois para esclarecer a dúvida.

A organização Dale Carnegie sempre foi honesta sobre como encarar certas características da natureza humana. Estamos o tempo todo tentando fazer com que as pessoas pensem como nós. Isso é especialmente verdadeiro durante nossas apresentações orais, e mais ainda quando respondemos a perguntas. O primeiro passo de uma sessão de perguntas e respostas deve ser entender o que se passa na cabeça do público e procurar um ponto com o qual todos concordem. As respostas fluem com facilidade quando você e a pessoa que fez a pergunta estão em sincronia e você demonstra um interesse sincero naquilo que ela está tentando expressar. Esse interesse sincero causará uma impressão muito mais duradoura do que qualquer bobagem que você por acaso diga. Apesar disso, a maioria de nós está interessada em apenas dar a própria opinião antes de qualquer coisa. Para se tornar um palestrante de impacto, é preciso evitar essa postura.

É sempre difícil lidar com uma pessoa hostil que faz perguntas provocadoras. Quando isso acontece, seu orgulho exige que você aja como agiria se não estivesse nesse contexto. Depois você pode até se arrepender da postura que adotou, mas na hora não conseguirá agir de outro modo. Portanto, é melhor nem adotá-la. Pense no que você está fazendo e dizendo em vez de simplesmente reagir ao que está sendo dito.

Um dos maiores erros que você pode cometer é perder a compostura se estiver sob pressão, sobretudo quando sua apresentação trata de temas importantes. Mesmo que consiga manter as aparências, procure sempre passar a impressão de que tem total confiança em suas ideias, em sua capacidade de apresentá-las e também em si mesmo. Com prática e experiência, você poderá lidar com perguntas difíceis ou até constrangedoras.

Vale notar que um palestrante seguro de si e com uma postura positiva estimula a autoconfiança da pessoa que fará a pergunta. Emoções e posturas são contagiantes. Se você não dá a entender que confia nos próprios argumentos e em si mesmo, como vai conseguir persuadir o outro? Todos nós precisamos da sensação de certeza, e a autoconfiança é um sinal externo dessa qualidade. A autoconfiança, portanto, é uma mensagem por si própria. Uma pessoa que tenta convencer as outras mas não transmite autoconfiança envia uma mensagem dúbia. Para que os ouvintes confiem na decisão de concordar com você, todas as mensagens que você envia – verbais e não verbais – devem estar alinhadas.

Portanto, a autoconfiança começa em você. E como demonstrá-la? Uma postura agressiva e combativa geralmente é característica de alguém que está tentando compensar a falta de autoconfiança. Uma postura muito mais eficaz é ser firme e enérgico, e também se mostrar sincero quando não tiver certeza de algum ponto específico. Às vezes um "Não sei" é a melhor resposta, sobretudo quando é óbvio que você de fato não sabe.

Sempre que responder a uma questão, seja ela boa ou ruim, termine perguntando se você foi claro. Essa postura serve de reconhecimento e agradecimento a quem perguntou, faz com que o resto da plateia se sinta à vontade para perguntar e lhe dá a chance de responder de forma mais completa caso precise explicar melhor algum ponto que foi abordado antes. Se a pessoa disser que ainda não entendeu e você achar que já disse tudo o que podia, peça a ela que aponte a dúvida ou sugira que vocês entrem em contato depois. Lembre-se de que, muitas vezes, uma apresentação funciona como se fossem duas: a formal e a sessão de perguntas e respostas. Você pode garantir o sucesso em *ambas* usando as técnicas aqui discutidas.

No capítulo anterior tratamos de alguns contratempos que podem ocorrer quando se usam tecnologias nas apresentações. Às vezes também acontecem na sessão de perguntas e respostas. Por exemplo, se você projetou slides ou imagens usando um computador durante a palestra, escolha a imagem que considerar mais impactante e informativa e deixe-a na tela enquanto responde às perguntas. Com isso, você mantém suas informações principais à vista do público e faz a sessão de perguntas e respostas fluir melhor.

Você deve projetar essa imagem assim que a apresentação terminar. Evite desligar o projetor ou o computador, caso contrário terá que religá-lo e ficar esperando a inicialização. Deixar a tela em branco definitivamente não é uma boa ideia. Na melhor das hipóteses é entediante, e, na pior, distrai a plateia.

Última dica: alguns palestrantes mais experientes guardam a conclusão para depois das perguntas e respostas. Isso permite a eles controlar exatamente quando acaba seu tempo diante do público. Em vez de todos, inclusive você, ficarem se perguntando qual deve ser o limite de perguntas, o público poderá assistir à conclusão na hora que você quiser. Para isso, você pode dizer: "Antes de eu passar para as observações finais, alguém ficou com alguma dúvida?" Então, após dedicar o tempo que quiser às perguntas e respostas, volte ao púlpito e faça sua conclusão. Dessa forma, você terminará a apresentação num tom positivo e proativo em vez de precisar dizer: "Então, se ninguém tem mais nenhuma pergunta, encerramos por aqui."

Mas aqui ainda não encerramos. Temos mais um capítulo!

Os elementos mais preciosos de um discurso são as pausas.

– Sir Ralph Richardson

Ser uma pessoa é ter uma história para contar.

– Isak Dinesen

Fale com clareza, se for falar; entalhe cada palavra para não deixá-la cair.

– Oliver Wendell Holmes

12

Como concluir uma apresentação

COMO UM ÓTIMO PALESTRANTE, você deve encerrar as apresentações deixando algo especial para o público. O impacto de seu discurso como um todo depende de sua capacidade de terminá-lo de forma poderosa e apaixonada. Para isso, é necessário oferecer informações que os ouvintes poderão utilizar para melhorar a própria vida. Como você pode ter certeza de que vai conseguir fazer isso? As respostas estão aqui, no Capítulo 12.

O começo e o fim de um discurso são os elementos mais difíceis de se executar com elegância. Enquanto o início deve causar uma primeira impressão positiva, a conclusão deve acrescentar uma última impressão positiva. O começo é importante para estabelecer uma conexão com a plateia enquanto eles estão ali, escutando, mas o fim, espera-se, é algo que eles vão lembrar pelo resto da vida. Então por que tantos palestrantes terminam a apresentação de forma tão insatisfatória? "Bem, não tenho mais nada a dizer, então vou terminar por aqui." Isso está longe de ser um fim aceitável. Seria melhor simplesmente parar de falar e se sentar.

Um bom fim de apresentação não acontece naturalmente. Precisa ser cuidadosamente planejado. Até os palestrantes mais habilidosos – homens e mulheres que têm um domínio impecável do idioma – já sentiram a necessidade de escrever as palavras exatas de suas conclusões para ensaiar. Eles não memorizaram as palavras; em vez disso, as leram e estudaram tanto que, na hora de falar em público, falaram com naturalidade e extrema convicção.

Se você está começando agora, certamente deve seguir este modelo. Você precisa saber quais palavras usar na conclusão e qual o efeito delas sobre a plateia. Então ensaie repetidas vezes usando a memória, tentando não usar as mesmas palavras escritas em cada repetição, mas, sim, transmitir as mesmas ideias com outras palavras. Em geral, é melhor fazer a conclusão sem ler nada. Caso se sinta mais à vontade usando anotações, liste em tópicos as principais ideias que deseja reforçar. Olhar para o público em vez de olhar para as anotações é sempre útil, sobretudo se o seu desfecho for um chamado à ação.

Alguns palestrantes não chegam ao fim da própria fala. Em algum lugar pelo meio, começam a andar em círculos, ou então param de forma abrupta ou acabam se alongando demais. Mesmo numa fala curta, de três a cinco minutos, um palestrante é capaz de tratar de tantos assuntos que os ouvintes podem terminar a palestra confusos, sem saber quais eram os pontos principais. Apresentadores inexperientes podem presumir que, como os pontos principais estão claros dentro da própria cabeça, então também estão claros para a plateia. Acontece que o palestrante vem trabalhando nessas ideias há semanas ou até meses, mas elas são novas para o público. Ao ouvi-las pela primeira vez, as pessoas vão no máximo se lembrar vagamente de alguns pontos, com poucos detalhes.

Por esse motivo, um dos principais erros que você pode cometer é falar demais. Não importa se sua apresentação foi brilhante e os ouvintes receberam informações que podem mudar suas vidas. Se você demorar demais, as pessoas vão comentar: "Esse sujeito não para de falar!" Não permita que isso aconteça! Diga o que for necessário e sente-se. Mas, antes disso, ofereça ao público um encerramento bem planejado.

Como a última coisa que disser, em tese, será a mais lembrada, você deve se esforçar ao máximo para selecionar e ensaiar o conteúdo do encerramento. Faça com que a última impressão causada por você seja duradoura. Pense em formas de fazer com que sua conclusão seja memorável, em termos tanto de conteúdo quanto de forma. Considere, por exemplo, a possibilidade de combinar entonação, pausas e frases contundentes. Em seus primeiros dias no comando da General Electric, Jack Welch encarou a necessidade de mudanças radicais na direção da empresa. Muitas vezes ele terminava as reuniões com um simples pedido a seus funcionários: "Mudem antes de terem que mudar." A mensagem por trás da frase era óbvia, e com o tempo acabou se espalhando por toda a empresa. Era o melhor resumo – e o que mais rendeu frutos – da filosofia de negócios de Jack Welch.

Seu encerramento pode ser motivacional, desafiador, reflexivo, respeitoso ou bem-humorado, mas tem que ser bom, porque as pessoas *vão se lembrar* dele. Um encerramento bem-humorado tem diversas vantagens. Se você fizer o público rir e aplaudir no fim, terá deixado uma impressão extremamente positiva. Qualquer outro tipo de encerramento corre o risco de receber apenas aplausos educados ou mesmo um silêncio enquanto você se afasta do púlpito.

Ninguém quer isso, portanto vamos ver como tirar o máximo proveito da conclusão. Comece fazendo perguntas sobre a apresentação. Por exemplo, ela teve um desenvolvimento simples ou complexo? Se ela foi curta e agradável, talvez não seja necessário fazer um resumo no fim. Mas se as ideias que você apresentou forem mais complicadas, faça esse resumo, assim como você ofereceu um mapa da jornada no começo. Lembre o público de quais são seus temas principais. Veja, por exemplo, esta recapitulação de uma palestra sobre aulas avançadas em turmas de ensino médio:

> Hoje eu tentei mostrar a vocês que é preciso expandir e encorajar as turmas avançadas o máximo possível. Primeiro porque essas turmas são uma característica distintiva de todas as escolas de alto desempenho. Segundo, por contribuírem diretamente para o ingresso nas faculdades. Por fim, porque estão diretamente ligadas a notas melhores nos vestibulares e, portanto, a um padrão mais alto de educação em todo o país.

Em alguns discursos esse formato talvez soe muito mecânico, por isso deve ser melhor parafrasear em vez de apenas repetir exatamente o que falou durante a apresentação, recapitulando o conteúdo com o mínimo possível de palavras. No entanto, não esqueça que, para que um resumo seja eficaz, as informações já precisam estar na cabeça do público. Você não pode *re*construir o que ainda nem foi construído num primeiro momento. A eficácia do encerramento é uma função de sua apresentação como um todo. É preciso construir a base antes de colocar a bandeira no alto do prédio.

Às vezes, uma apresentação transmite apenas uma ideia principal, uma ideia que é mais inspiradora do que informativa. Se esse for o seu caso, então basta reapresentar a ideia central de maneira simples e poderosa para garantir que o público entenda sua mensagem. Mas você precisa fazer isso de maneira extremamente memorável.

Quer sua apresentação seja inspiradora ou informativa, um encerramento bem-executado sempre transmite a sensação de plenitude, finalidade e controle. Você pode garantir essa sensação de controle usando frases de transição para prenunciar o fim de sua fala. Exemplos: "Resumindo...", "Para concluir esta apresentação..." ou "Permitam-me reiterar...". A maneira de fazer isso dependerá de sua experiência e sua autoconfiança. Se você é iniciante, melhor se ater às regras já testadas e aprovadas de apresentação. No futuro você poderá quebrar as regras. Em última instância, pode se tornar um desses mestres da oratória que criam as próprias regras.

Na discussão sobre a Fórmula Mágica de Dale Carnegie, apresentada no Capítulo 10, vimos a importância de você ser bem claro ao pedir que o público faça determinada coisa. Embora a Fórmula Mágica seja mais apropriada para apresentações curtas, é sempre bom pedir apoio abertamente, ou lembrar os ouvintes de quais são as responsabilidades deles caso queiram mesmo alcançar o objetivo. Seja enérgico e convincente – e inclua uma sugestão dos princípios e argumentos apresentados no seu discurso.

Veja este encerramento de discurso do presidente Harry Truman, pedindo ao Congresso americano que autorizasse a liberação de fundos para ajudar outros países:

> Estamos dando o primeiro passo rumo a uma jornada séria. Eu não o recomendaria se a alternativa não fosse ainda mais séria. Devemos investir na liberdade e na paz mundial. As sementes dos regimes totalitários são germinadas pela pobreza e pela necessidade.

> Elas se espalham e crescem no solo daninho da pobreza e da luta. Alcançam o crescimento máximo quando um povo perde a esperança de uma vida melhor. Devemos manter viva essa esperança. Se falharmos como líderes, poderemos colocar em risco a paz mundial e certamente o bem-estar da nossa nação. Tenho certeza de que o Congresso vai encarar essas responsabilidades com firmeza.

Valendo-se de uma linha de raciocínio semelhante, voltada para a ação, Robert Kennedy proferiu as seguintes palavras durante sua campanha para o senado pelo estado de Nova York:

> Para nós, a responsabilidade é clara. Precisamos rejeitar o conselho daqueles que pretendem aprovar leis de combate à violência ao mesmo tempo que se recusam a ajudar a acabar com a infestação de ratos na casa das pessoas. Devemos oferecer uma liderança que ouse falar antes de pesquisar a volúvel e furiosa opinião popular. Uma liderança que prefira fatos a ilusões, ações a recuos, sacrifício e esforço a indulgência e sossego.

Se você usou uma citação no começo da apresentação, pode fechar o discurso com uma referência ao trecho citado. Suponha que você começou com "A maior parte das pessoas escolhe ser ignorante. Não sabemos porque não queremos saber". Na conclusão você pode utilizar a mesma ideia numa direção oposta: "A cura para a falta de conhecimento é o desejo de saber."

Qualquer ilustração de fechamento deve, ao mesmo tempo, incluir o foco principal de sua apresentação e ser conclusiva no tom e no impacto. Um palestrante usou a mesma imagem na abertura e no encerramento de sua fala sobre as causas e os efeitos da pobreza. Eis a abertura:

> Você já se sentiu como aquele garotinho holandês que usou o dedo para tentar parar o vazamento de um dique? Esperou por um bom tempo, mas a ajuda nunca chegou? O vazamento piorou e a água acabou arrastando você. Enquanto lutava contra a cor-

renteza, você se deu conta de que a correnteza estava dentro de você. Você estava se afogando na própria vida, morrendo. O fato é que três quartos da população mundial serão levados por essa inundação devastadora. Que desastre é esse? A pobreza mundial.

E eis a conclusão:

> Vamos voltar à história do garotinho holandês. Ele foi inteligente ao enfiar o dedo no vazamento do dique, evitando a inundação. No caso da pobreza, cada um de nós deve ser como esse garoto, disposto a se envolver para controlar os efeitos catastróficos da pobreza.

Ao longo da apresentação, o palestrante tinha discutido detalhadamente os efeitos da pobreza na própria família. Além de associar a introdução à conclusão, ele ainda acrescentou um incentivo:

> Por que você deve se importar? Porque pode ser que você conheça alguém que vai precisar de ajuda. Talvez seja você mesmo. Minha família não foi salva. Espero que nunca seja necessário, mas talvez um dia seja a sua família.

Quando você utiliza a conclusão para estimular a plateia a agir, é bom dizer qual é o intuito da ação. Um estudante universitário terminou seu discurso sobre o medo de voar de avião propondo a seguinte solução:

> Embora eu ainda tenha dificuldade para entrar num avião, estou convicto de que vale a pena. Acredito que todos nós devemos correr o risco necessário para superar medos irracionais. Só assim poderemos fazer parte integral do mundo contemporâneo. Tenho um voo para Miami amanhã de manhã. Espero vê-los lá.

Todas essas estratégias podem ser eficazes se usadas de maneira controlada e organizada. Certifique-se, por exemplo, de deixar tempo suficiente para fazer um encerramento consistente. Se está com pouco tempo, não corte trechos do fim da apresentação, pois essa é a parte que mais causa impacto. Assim como fez na introdução, utilize detalhes não verbais para tornar sua presença marcante também no final. Olhe para a plateia. Seja pessoal. Seja enérgico. Certifique-se de que não vai dar aos ouvintes uma ideia falsa de quando a apresentação vai terminar. Poucas coisas irritam mais o público do que pensar que já acabou e depois ver o palestrante continuar falando sem parar. Portanto, não use as expressões *concluindo* ou *resumindo* em qualquer outra parte que não seja o verdadeiro encerramento de sua fala. Se usar, você perderá a atenção de parte dos ouvintes quando eles perceberem que seu discurso seguiu em frente, mesmo depois de acharem que já tinha acabado.

Eis algumas outras armadilhas a serem evitadas no encerramento.

Não use *obrigado* para encerrar uma palestra. Substitua por uma frase poderosa que fique na memória do público. É inimaginável ver Martin Luther King Jr., o presidente Kennedy ou mesmo Bill Gates fechando um discurso com um *obrigado*. É risível até apenas supor que Lincoln ou Theodore Roosevelt fariam o mesmo. Pense numa frase que resuma bem seu argumento com o mínimo de palavras possível, algo que ficará na mente dos ouvintes não só enquanto eles vão para o estacionamento, mas por muito tempo. Feche com essa frase. Seus ouvintes com certeza ficarão gratos, portanto não precisa se dar o trabalho de agradecer.

Se você não deve começar um discurso pedindo desculpas, então também não deve terminá-lo assim. "Acho que acabei falando demais", "Não sei se ficou claro para vocês, mas vou parar por aqui" ou "Espero que não tenham ficado de saco cheio". Centenas de frases desse tipo são usadas para fechar uma apresentação. Embora essas sentenças pareçam autodepreciativas, na verdade são um jeito que alguns palestrantes têm de se parabenizar pela própria humildade. Também são uma tentativa de evitar críticas dos ouvintes. Um bom orador tem mais classe do que isso, e se você chegou até aqui neste livro, está no caminho certo.

Evite que a conclusão se torne desproporcionalmente longa. Não apresente dados novos no final. Se fizer isso, você correrá o risco de confundir o público e prejudicar o entendimento de sua mensagem original. Em suma, atenha-se a ela. A essa altura você deve criar um resumo e um fim. Termine seu discurso num estilo e num estado de espírito que tenham a ver com o que você disse ao longo da apresentação. Por exemplo, você será desonesto com o público se o fizer rir ao longo do discurso inteiro e finalizá-lo com uma citação sombria.

Já apresentamos diversos princípios básicos para executar uma conclusão eficaz, portanto agora vamos dar uma olhada rápida num esboço de estrutura para colocar esses princípios em prática.

Sua conclusão começa quando você sinaliza que vai resumir o que disse até então. Em geral basta dizer algo como: "Resumindo, os pontos principais que devem ser lembrados são..." Esse apanhado deve ser o mais conciso possível. O público quer ter certeza de que apreendeu o que você disse, mas também quer que a apresentação dure um tempo razoável.

Após o resumo, muitos palestrantes deixam o tom neutro de lado e passam a apelar para as motivações mais nobres do público. Esse é um bom momento para uma citação ou uma referência a uma pessoa admirável ou inspiradora. É melhor evocar alguém que o público conheça. Dessa forma, você cria um elo entre o indivíduo e o chamado à ação em pauta. Frases como "Considerando os interesses da nossa empresa..." ou "Pelo bem do nosso país e do planeta..." são apropriadas. Você pode tentar ser mais original, mas o tempo é um fator fundamental na elaboração de uma conclusão eficaz. Talvez você não tenha margem suficiente para fazer uma experiência, mas, se perceber que o público está totalmente do seu lado, pode contar uma anedota breve e inspiradora em vez de simplesmente evocar uma pessoa conhecida.

Esse é o momento em que você deve lançar um desafio à plateia. Deve ser um último chamado à ação baseado nos argumentos que você usou na palestra. Simultaneamente, você deve expor um *motivo* para a ação. Esse chamado deve ser claro e específico. O público não pode ter dúvida do que você está pedindo. O propósito deve ser baseado no que importa para os ouvintes. Portanto, evite frases como

“Eu quero que vocês…”. Em vez disso, por exemplo, se você fez uma apresentação sobre como aumentar a produtividade no trabalho, deixe claro que seu chamado à ação é do interesse deles e representa uma maneira eficaz de alcançar esse objetivo.

Certifique-se de que as pessoas compreendem o que você espera delas e também o que elas próprias devem esperar de si mesmas. É difícil pensar num exemplo melhor do que a citação do presidente Kennedy que mencionamos no capítulo anterior: “Pergunte não o que seu país pode fazer por você, mas sim o que você pode fazer pelo seu país.” Poucas pessoas seriam tão eloquentes, mas essa citação é o padrão-ouro que devemos usar para fins de comparação. O objetivo é passar a bola para os ouvintes de uma forma convincente e enfática. Se além de tudo você conseguir ser poético, melhor ainda.

Ao fazer esse apelo, você tem uma grande oportunidade de reforçá-lo com algum elemento audiovisual. Pode ser uma projeção de slide ligada ao tema da apresentação, uma imagem mostrando o projeto completo, uma foto de sua equipe ou uma citação de alguém que a plateia admire. Uma alternativa é distribuir algum brinde – um bóton, por exemplo. Talvez isso distraia as pessoas, mas ao mesmo tempo é uma excelente forma de fazer com que se lembrem do que ouviram.

Por fim, repita o benefício mais importante no menor número de palavras possível: “Veremos nossos objetivos serem alcançados”, “Sua renda vai aumentar consideravelmente” ou “Você atingirá seu verdadeiro potencial”. Tente fazer isso num nível intimista e inspirador. Cite o nome de pessoas que comprovaram por experiência própria que o benefício é real: “Como Susan e Barry demonstraram, alcançar as metas de vendas resulta em aumento salarial.” Não precisa pensar muito. As maiores necessidades das pessoas são relativamente simples, e a principal delas é ter a admiração dos outros. Quando você oferece esse benefício, na verdade está oferecendo algo que elas desejam profundamente, mesmo que não estejam completamente cientes disso. E mais: algo que está ao alcance delas. Essa é a hora de fazer essa oferta e colocá-las no caminho certo. Depois disso, você terá chegado ao fim da conclusão de sua apresentação.

■ ■ ■

Chegamos às páginas finais de *Como falar em público e encantar as pessoas*. Vamos rever rapidamente de que tratam os capítulos que compõem este livro.

No Capítulo 1, apresentamos os principais conceitos da oratória de impacto, entre eles o conhecimento total do assunto, o planejamento cuidadoso e muitos ensaios. Mais do que simplesmente entender o assunto, você precisa *dominá-lo*.

O Capítulo 2 focou primeiro na importância do autoconhecimento e depois na habilidade de derrubar as barreiras que separam o palestrante do público. "Uma comunicação bem-sucedida depende da capacidade que o palestrante tem de fazer com que sua fala se torne parte da plateia – e também de fazer com que a plateia se torne parte da fala."

No Capítulo 3, vimos como o medo do palco geralmente não é o medo de fracassar, mas sim o medo de não ser perfeito. Quando essa expectativa irreal é superada, o medo de falar em público também é.

No Capítulo 4 mostramos o poder do humor e como até pessoas que não se consideram engraçadas podem utilizar essa ferramenta valiosa. O humor é simplesmente a maneira mais fácil e garantida de conquistar o público, mas, se usado de forma incorreta, pode ser um tiro pela culatra. Além disso, o capítulo mostrou as diferenças entre o que é engraçado e o que não é, e explicou por que todos os palestrantes deveriam entender que não há nada mais engraçado que eles próprios.

O poder da autorrevelação é o assunto do Capítulo 5. Ao compartilhar as próprias histórias, sobretudo as que vêm do fundo do coração, os palestrantes conseguem conquistar não só a atenção do público como também sua simpatia e às vezes até seu amor.

O Capítulo 6 tratou dos meios de chamar o público à ação. O que é preciso para que um ouvinte vá além de simplesmente escutar o que você tem a dizer? Vimos que a sinceridade do palestrante é o verdadeiro ponto de partida. A honestidade é o melhor presente que você pode oferecer ao público, mas para isso é necessário antes ser honesto consigo mesmo.

No Capítulo 7 vimos como começar uma apresentação de forma contundente e conquistar a plateia no primeiro minuto. Também aprendemos que um minuto é, na verdade, tempo mais do que suficiente para isso. É ao longo dos 10 primeiros minutos que os ouvintes fixam a imagem que eles têm dos palestrantes – então é melhor que a primeira impressão seja muito boa.

Os Capítulos 8 e 9 foram sobre o poder da persuasão. O que faz as pessoas deixarem de lado suas dúvidas e inibições e agirem motivadas por uma conexão com outro ser humano? A resposta a essa pergunta é o cerne da oratória. Não é algo simples de apreender, mas, quando você entende esses dois capítulos, passa a ser possível.

O Capítulo 10 apresentou uma das ideias mais originais e poderosas do trabalho de Dale Carnegie na área do desenvolvimento pessoal. A técnica descrita nesse capítulo é simplesmente a melhor maneira de instigar, num curto espaço de tempo, uma plateia a agir. Não se deve usar a palavra mágica de forma leviana, mas o que aprendemos nesse capítulo é, de fato, uma Fórmula Mágica para o sucesso.

Por fim, no Capítulo 11 vimos como uma sessão de perguntas e respostas pode apresentar, ao mesmo tempo, desafios e oportunidades. O importante é manter a compostura, ser respeitoso e saber como evitar as armadilhas que podem ser apresentadas até mesmo por ouvintes bem-intencionados. Isso nos trouxe até o capítulo final, cujo assunto foi a importantíssima conclusão da apresentação.

Para encerrar, é importante fazermos algumas considerações gerais sobre o sucesso. Esse panorama beneficiará não só sua carreira como palestrante, mas também sua vida como um todo.

Histórias de pessoas que alcançam enorme sucesso apesar de encararem todo tipo de dificuldade sempre chamam nossa atenção. Elas são inspiradoras, mas, se as analisarmos bem, são muito mais que isso. O garoto que teve as duas pernas queimadas num incêndio e que sabia que só voltaria a andar caso tivesse muita sorte se torna um astro das pistas de atletismo. A mulher cega e surda de nascença que se torna uma das pessoas mais inspiradoras do século. Nesta era de imigrações sem precedentes, vemos casos de indivíduos que começam do nada e num tempo surpreendentemente curto alcançam um grande sucesso. E também conhecemos várias histórias de homens e mulheres que morriam de medo de falar em público mas seguiram em frente e hoje em dia são mestres nessa arte. O treinamento de Dale Carnegie ajudou muitos deles a alcançar essa transformação drástica.

O que distingue essas pessoas que têm enormes desvantagens, como, por exemplo, não ser eloquente, não conhecer as pessoas certas, não ter dinheiro? O que motiva o garoto com as pernas queimadas a se tornar um campeão das pistas ou uma Helen Keller, cega e surda, a se tornar uma das pessoas mais inspiradoras do nosso tempo? A resposta, se perfeitamente compreendida, nos trará tudo aquilo que quisermos. E é surpreendentemente simples.

As pessoas citadas ao longo destas páginas tinham algo que uma pessoa mediana não tem: objetivo. Um desejo ardente de alcançar o sucesso apesar de todos os obstáculos e desvantagens. Elas sabiam exatamente o que queriam. Pensavam no assunto todos os dias de sua vida. Esse objetivo as tirava da cama pela manhã, e era nele que elas pensavam de noite, antes de dormir. Essas pessoas tinham uma visão do que exatamente queriam fazer e essa visão as fazia vencer qualquer obstáculo.

Essa visão, esse sonho, esse objetivo, que é invisível para todo mundo menos para aquele que o possui, talvez seja responsável por todos os grandes avanços e conquistas da humanidade. É o motivo por trás de quase tudo o que vemos ao nosso redor. Tudo de bom realizado por homens e mulheres é um sonho tornado realidade, um propósito alcançado. Alguém já disse, com razão, que aquilo que a mente é capaz de conceber e em que é capaz de acreditar, ela pode alcançar.

É o prédio bonito onde antes havia um terreno baldio ou um edifício feio. É a ponte que vai de uma ponta à outra da baía. É o pouso na Lua. É aquela lojinha de conveniência no seu bairro. É aquela casa linda numa rua arborizada e um jovem recebendo o diploma. É a tacada perfeita no golfe e a posição de destaque conquistada no mundo dos negócios. É um certo nível de renda alcançado ou a quantidade de dinheiro investida. Aquilo que a mente é capaz de conceber e em que é capaz de acreditar, ela pode alcançar.

Earl Nightingale expressou essa ideia de maneira mais concisa que qualquer um: "Nós nos tornamos aquilo em que pensamos." Quando estamos possuídos por um objetivo empolgante, nós o alcançamos. É por isso que dizem: "Escolha com cuidado aquilo a que vai se dedicar, pois, se quiser muito, você vai conseguir."

Nos países desenvolvidos da América do Norte e da Europa, as pessoas têm muita sorte. Elas de fato *podem* ter basicamente tudo o que quiserem. O problema é que elas não sabem o que querem. Ah, elas querem coisas pequenas. Querem um carro novo e compram. Querem uma geladeira nova e compram. Querem uma casa nova e compram. O sistema nunca falha para esses indivíduos, mas eles parecem não entender que isso é um sistema, e que se eles trabalham por uma geladeira ou um carro, trabalharão por qualquer outra coisa que desejem muito.

Os objetivos são a base de qualquer sucesso. Eis uma excelente definição de sucesso: "É a realização progressiva de um objetivo que vale a pena." Ou, em alguns casos, é a busca de um "ideal" que vale a pena. Por incrível que pareça, isso significa que qualquer pessoa a caminho de alcançar um objetivo já é bem-sucedida.

Portanto, o sucesso não está em alcançar um objetivo, embora o mundo pense que está. O sucesso é a jornada em busca dessa meta. Somos bem-sucedidos se estamos trabalhando em busca de algo para nossa vida. É quando o ser humano alcança seu ápice. Foi isso que Miguel de Cervantes quis dizer quando escreveu: "A estrada é melhor que a hospedagem." Alcançamos nosso ápice quando estamos escalando, pensando, planejando, trabalhando. Quando estamos na estrada rumo a algo que queremos.

O jovem que está se esforçando para terminar o ensino médio é tão bem-sucedido quanto a pessoa que está trabalhando para alcançar uma posição melhor numa empresa. O palestrante que encara sua primeira plateia já é um grande sucesso. Se você tem um objetivo que vale a pena, que o enche de alegria só de pensar, você o alcançará. Mas, ao se aproximar e ver que está perto de atingi-lo, comece a pensar na próxima meta. É muito comum ver casos de escritores que enquanto escrevem um livro têm uma ideia para o subsequente e começam a fazer anotações ou a pensar no título desse. É assim que deve ser.

Estima-se que cerca de 5% da população atinge um sucesso acima do normal. Para o resto, ser mediano parece bom o bastante. A maioria parece viver sem rumo, aceitando as circunstâncias conforme elas se apresentam e talvez esperando, de tempos em tempos, que a situação melhore.

O grande escritor escocês Thomas Carlyle gostava de comparar seres humanos a barcos. Segundo essa metáfora, a grande maioria dos homens e mulheres são como barcos sem leme, sujeitos às mudanças de vento e de maré. Estão completamente à deriva, e, embora torçam para que um dia acabem chegando a um porto rico e movimentado, o fato é que para cada entrada estreita de porto existem mil quilômetros de costa rochosa. A chance de chegarem a um porto por acaso é uma em mil. A vida deles é como uma loteria. De vez em quando alguém ganha o prêmio, mas a chance é mínima.

Por outro lado, os 5% que se esforçaram e tiveram disciplina para assumir o comando da própria existência, que se comprometeram a alcançar um objetivo desafiador, estão navegando em linha reta com rumo certo através dos mares profundos da vida, visitando porto atrás de porto e alcançando mais objetivos em poucos anos do que o restante das pessoas alcança a vida inteira.

Se você entrar num navio ancorado e perguntar ao capitão qual é sua próxima parada, ele responderá em apenas uma frase. Embora o capitão não consiga ver o porto – seu destino – durante 99% da viagem, ele sabe que o porto está lá. Caso não aconteça uma catástrofe extremamente imprevista e improvável, ele vai chegar lá. Se alguém perguntar a você qual é seu próximo porto de escala, seu objetivo, você conseguirá responder? Seu objetivo está claro e conciso na sua mente? Você o tem anotado? Precisamos de lembretes, de reforços. Colar uma foto do seu objetivo no espelho do banheiro, por exemplo, é uma excelente ideia. Milhares de pessoas de sucesso têm seus objetivos anotados num papel dentro da carteira ou da bolsa.

Se você perguntar às pessoas por que elas trabalham, provavelmente vai ouvir respostas vagas como: "Ah, bem, para ter dinheiro." Dinheiro é uma resposta vaga. Talvez funcione, mas é melhor determinar uma quantia específica. Quanto mais bem definido o objetivo, mais real ele se torna para nós, e, em pouco tempo, mais alcançável também.

Em qualquer área, o sucesso vem da *direção* que você toma. As crianças estão mais felizes na véspera do Natal, antes de abrir os presentes, do que no próprio dia de Natal. Por mais incríveis que sejam os presentes, o Natal já passou. Elas vão aproveitar tudo que ganharam, mas muitas vezes ficam irritadiças no dia 25. Da mesma forma, nos sentimos mais felizes saindo para jantar do que voltando para casa. Nos sentimos mais felizes indo viajar do que na volta. E nos sentimos mais felizes indo em direção a nossos objetivos do que após alcançá-los.

A vida não tem favoritos. Mas de uma coisa você pode ter certeza: se seu raciocínio é circular e caótico, sua vida vai refletir esse caos. Por outro lado, se você tem um objetivo importante e seu raciocínio é bem organizado e claro, você irá alcançá-lo. Um objetivo de cada vez. Isso é importante. É onde a maioria das pessoas acaba errando sem querer. Elas não se concentram num único objetivo por tempo suficiente para conquistá-lo e antes disso pegam outro caminho, depois outro, e o resultado é que não chegam a lugar nenhum. Nenhum que não seja confusão e desculpas.

Se todo dia, toda noite e sempre que possível ao longo do dia você pensar em sua empolgante meta de se tornar um grande palestrante, estará aproximando essa meta de você. Ao concentrar seus pensamentos nisso, é como se você transformasse um rio tortuoso e caudaloso num canal reto. Agora ele tem força, direção e velocidade.

Portanto, abrace sua intenção de se tornar um mestre da oratória. Insista. Exija de si mesmo. Conecte-se a essa meta ao longo do dia quantas vezes for possível. Ao fazer isso, você levará o objetivo para seu subconsciente, e até verá a si mesmo como já tendo alcançado esse objetivo. Faça isso todos os dias, sem exceção, e isso se tornará um hábito antes mesmo de você se dar conta. Um hábito que fará você alcançar sucesso atrás de sucesso todos os anos da sua vida. Pois esse é o segredo do sucesso, a chave que vai abrir a porta para tudo o que você terá ou será na vida.

Agora que chegou ao fim do livro, espero que concorde com a afirmação que fizemos logo no começo: *Como falar em público e encantar as pessoas* é o livro mais completo, poderoso e *prático* já escrito sobre a arte e a ciência da oratória. Esperamos que você o utilize para alcançar todos os seus objetivos.

■ ESTUDO DE CASO ■

O mundo dos esportes

MUITOS FILMES DE ESPORTES têm aquela cena do discurso motivacional ou da conversa inspiradora. A lista de astros do cinema que fizeram esses discursos é longa e cheia de grandes nomes – Paul Newman em *Vale tudo*, Gene Hackman em *Momentos decisivos*, Denzel Washington em *Duelo de titãs*, Al Pacino em *Um domingo qualquer*, só para citar alguns. As falas deles foram excelentes, mas a seguir listarei exemplos reais de profissionais de verdade do mundo dos esportes.

Knute Rockne

O lendário técnico de futebol americano da Universidade de Notre Dame talvez seja famoso por seu inspirador discurso chamado "Ganhe esta pelo Gipp".

Rockne sempre disse que George Gipp era o jogador de futebol americano mais completo que já havia treinado. Porém, aos 25 anos, Gipp contraiu uma amigdalite fatal. Quando Rockne o visitou em seu leito de morte no hospital, as últimas palavras de Gipp foram:

> Rock, quando as coisas estiverem dando errado e os garotos não conseguirem se sair bem, diga a eles que entrem em campo e deem tudo o que têm e vençam pelo Gipp. Não sei onde vou estar quando isso acontecer, mas estarei vendo tudo e vou me sentir feliz.

Rockne jamais esqueceu as palavras finais de seu amigo, e oito anos depois sua equipe estava jogando uma partida contra o arquirrival, o time do Exército. Notre Dame vinha tendo um ano ruim – havia perdido dois dos seis primeiros jogos do ano – e muitas pessoas já pensavam que Rockne havia perdido sua magia. Então, antes do jogo, Rockne reuniu os jogadores no vestiário e esperou que fizessem silêncio. Foi quando fez um discurso inspirador que se tornaria um dos mais conhecidos da história do futebol (e de todos os tempos).

Rockne começou dizendo: "Um dia antes de morrer, George Gipp me pediu que esperasse até a situação parecer irreversível e então dissesse à equipe que entrasse em campo e derrotasse o Exército por ele. O dia é hoje, e vocês são esse time."

Tempos depois o assistente técnico Ed Healey falou: "Não havia ninguém no vestiário que não estivesse chorando. Quando Rockne acabou de falar, houve um instante de silêncio, e em um rompante os jogadores saíram correndo do vestiário e quase arrancaram as dobradiças da porta. Há quem diga que todas as equipes – e houve várias – para quem Rockne disse 'Vocês são esse time' reagiram da mesma forma!"

Lou Gehrig

Jogador do New York Yankees, Lou Gehrig foi um dos maiores atletas da história do beisebol. Recebeu o apelido de Cavalo de Ferro devido a seu notável recorde de 2.130 partidas consecutivas. Essa sequência terminou quando, aos 36 anos, Gehrig se viu impedido de jogar por causa de uma doença estranha e incapacitante. Hoje conhecida como esclerose lateral amiotrófica, originalmente teve o nome de doença de Lou Gehrig. Em 4 de julho de 1939, no Yankee Stadium, o estádio de sua equipe, Gehrig foi homenageado numa cerimônia emocionante. Quando falou ao público, não demonstrou autopiedade. Em vez disso, mencionou que era um homem de muita sorte.

> Meus fãs, ao longo das duas últimas semanas vocês têm lido notícias sobre o momento difícil que estou vivendo. Apesar disso, hoje eu me considero o homem mais sortudo da face da Terra. Estive nos campos por 17 anos e nunca recebi nada além de gentileza e encorajamento de vocês [...]. Portanto, concluo dizendo que posso até estar vivendo um momento difícil, mas tenho muitos motivos para viver!

Vince Lombardi

Lendário treinador da equipe de futebol americano Green Bay Packers, Vince Lombardi fez um discurso memorável para sua equipe pouco antes do Super Bowl de 1968, a final do campeonato nacional. Os Packers venceram, e aquela acabou sendo a última fala de Lombardi para sua equipe: "Vencer não é algo que acontece de vez em quando. Acontece toda hora. Você não faz as coisas da forma certa só de vez em quando. Você faz o tempo todo." A frase mais famosa atribuída a Vince Lombardi – "Vencer não é tudo que existe; é a única coisa que existe" – na verdade nunca foi dita por ele. O discurso que você acabou de ler provavelmente é a base dessa citação de autoria falsa. O problema foi que ela se tornou tão conhecida que Vince Lombardi acabou desistindo de explicar que não era o autor.

Herb Brooks

Técnico de um grupo desconjuntado de jogadores de hóquei no gelo que venceu a equipe russa, favorita para ganhar a medalha de ouro olímpica, Herb Brooks falou o seguinte à sua equipe antes do jogo em questão:

> Grandes momentos nascem de grandes oportunidades. E é isso que vocês têm aqui esta noite, garotos. Foi isso que vocês conquistaram. Uma partida. Se jogarmos 10 vezes contra eles, talvez eles ganhem nove. Mas não este jogo. Não esta noite. Esta noite, nós vamos patinar na cara deles. Esta noite, vamos ficar em cima deles. E vamos derrotá-los, porque podemos! Esta noite, nós somos o maior time de hóquei do mundo.

Tim Tebow

Astro do futebol americano universitário, Tim Tebow fez o seguinte discurso após seu time, o Florida Gators, perder uma partida para o Mississippi:

> Quero pedir desculpas aos torcedores e a todos os que fazem parte da nação Gator. [...] Vocês jamais vão ver qualquer outro jogador do país se esforçar tanto quanto eu me esforçarei até o fim desta temporada. Vocês jamais vão ver alguém estimular o resto do time tanto quanto eu até o fim da temporada. Vocês jamais vão

> ver um time jogar com mais garra que o nosso até o resto da temporada. Que Deus abençoe todos vocês!

Joe Buck

O amado locutor de beisebol Joe Buck estava enfrentando um câncer quando fez o seguinte discurso em uma de suas últimas aparições públicas, no dia em que as partidas de beisebol voltaram a acontecer após o ataque de 11 de Setembro contra o World Trade Center.

> Não sei quanto a vocês, mas, para mim, a pergunta já foi respondida. Nós deveríamos estar aqui? Sim! Desde que este país foi fundado sob os olhos de Deus há mais de 200 anos, temos sido o bastião da liberdade, a luz que mantém o mundo livre iluminado. [...] Nós não vamos começar, mas vamos acabar com a guerra. Se formos envolvidos, devemos estar dispostos a proteger o que sabemos que é certo. [...] Assim como nossos pais já fizeram no passado, vamos vencer essa guerra indesejada, e nossos filhos vão desfrutar do futuro que daremos a eles.

Jim Valvano

Na primeira cerimônia dos prêmios ESPY, Jim Valvano, técnico da equipe de basquete da Universidade da Carolina do Norte que havia sido diagnosticado com câncer ósseo, fez este comovente discurso:

> Três coisas que devemos fazer todos os dias. [...] A número um é sorrir. Você deve sorrir todos os dias. A número dois é pensar. Você deve passar algum tempo pensando. E a número três é: você deve deixar que suas emoções o levem às lágrimas de felicidade. Reflita: se você ri, pensa e chora, seu dia foi completo. Foi um dia maravilhoso. Se fizer isso nos sete dias da semana, terá algo especial. O câncer pode tirar todas as minhas habilidades físicas, mas não pode tocar minha mente. Não pode tocar meu coração nem minha alma. E essas três coisas vão continuar para sempre. Muito obrigado, e que Deus abençoe todos vocês!

Fale baixo, fale devagar e não fale demais.
– JOHN WAYNE

Discursos de improviso devem ser
ensaiados e estimulados.
– ABRAHAM LINCOLN

Eles podem esquecer o que você disse, mas jamais
vão esquecer o que você os fez sentir.
– CARL W. BUECHNER

Epílogo

VALE A PENA LER ESTE LIVRO (ou qualquer outro livro) mais de uma vez. Às vezes, devido à natureza humana, conceitos importantes passam despercebidos na primeira leitura. Mas se você não tem tempo de reler tudo, o resumo a seguir vai conectá-lo com os pontos mais importantes abordados em *Como falar em público e encantar as pessoas*.

Antes de tudo, fale apenas de assuntos em que acredita piamente. Assim, já de partida você terá uma enorme vantagem sobre a grande maioria dos palestrantes. Se você só acredita em parte do que está dizendo, esforce-se ao máximo para enfatizar esse trecho. Fale com toda a convicção. Se um dia você for convidado a defender um princípio ou um produto sobre o qual tem dúvidas, lembre-se de que, para sua carreira a longo prazo, é melhor encontrar uma forma de evitar a situação. Isso pode gerar um hábito, e o hábito da desonestidade é, sem dúvida, autodestrutivo.

Procure transmitir as emoções que de fato sente, mas sempre seja lógico e bem organizado. Do contrário, sua apresentação pode até ser envolvente no primeiro momento, mas o público não se lembrará do que você disse já a caminho do estacionamento. Eles só vão se lembrar da forma como falou, e talvez, em retrospecto, não considerem sua apresentação tão hipnótica. O conteúdo da sua apresentação deve incluir os mesmos componentes contidos no documento escrito que você está preparando para a publicação, se for o caso. Sua fala deve progredir de forma lógica, começando com a apresentação da sua pessoa e de sua tese principal, passando pelo corpo da apresentação – incluindo aí anedotas que estimulem uma conexão poderosa entre você e os ouvintes – e terminando com uma conclusão que reafirme sua tese de modo que o público não só ouça o que você está dizendo, mas também se sinta estimulado a agir.

Lembre-se de que uma oratória eficaz não depende só do que você diz. Ninguém quer assistir a você sentado ou parado em pé, de cabeça baixa por estar lendo um discurso pré-fabricado. Sua aparência e sua movimentação (ou falta de movimentação) são fundamentais para seu sucesso ou seu fracasso. A linguagem corporal é importante. Ficar parado, andar ou se mexer e gesticular ou exibir expressões faciais apropriadas têm sido ferramentas eficazes desde os tempos do Império Romano. Aprenda a usar apoios audiovisuais e objetos para melhorar sua apresentação caso isso seja apropriado e necessário. Domine o uso de softwares de apresentações como o PowerPoint muito antes de se apresentar – mas evite criar dependência dessas inovações técnicas e deixar de lado o desenvolvimento das suas habilidades fundamentais. Não exagere no uso de animações, sons ou cores berrantes, pois isso só servirá para obscurecer você e seu assunto.

Caso precise ler anotações, não o faça por um período muito longo, mas sinta-se à vontade para dar uma olhada nelas de vez em quando. Fale com clareza, nem muito alto nem muito baixo. Se for usar microfone, teste-o e acostume-se com ele antes da apresentação. Na verdade, você deve testar tudo: slides, computadores com PowerPoint, dispositivos de gravação e tudo o mais que possa causar uma surpresa desagradável na hora da apresentação. Pode ter certeza de que, não importa quanto dure sua carreira de palestrante, surpresas desagradáveis vão acontecer.

Quando algo der errado, fique calmo. Corrija o problema ou deixe o pessoal do suporte resolver, e então continue. Não precisa se desculpar nem fazer piadinhas tensas. Um sinal de verdadeiro profissionalismo é a habilidade de lidar com um contratempo. Talvez você queira se esconder debaixo de uma cadeira, mas evite qualquer reação desse tipo e mantenha a compostura. Na pior das hipóteses, no futuro você poderá se lembrar dessa situação como "o pior que pode acontecer" – e saber que sobreviveu.

Mantenha um contato visual sincero com o público. Faça isso com uma pessoa de cada vez, utilizando o método dos três segundos. Tente olhar nos olhos de alguém da plateia por três segundos, depois olhe para outro. Dessa forma você terá contato visual direto com um grande número de pessoas e ao mesmo tempo passará os olhos pela plateia como um todo de vez em quando. Use o contato visual para fazer com que o público se sinta envolvido, individual e coletivamente.

Aprenda a usar o silêncio com a mesma eficácia que a palavra. Não tenha medo de fazer uma pausa no meio da apresentação. Dê a si mesmo e à plateia um tempo para refletir. Não corra com a apresentação, pois tanto você como o público podem ficar sem fôlego e desconcentrados.

Utilize o humor sempre que for apropriado, mas cuidado para não exagerar. Mantenha o público interessado ao longo de toda a fala. Lembre-se de que um discurso interessante faz o tempo voar, mas um discurso chato demora uma eternidade, mesmo que os dois tenham a mesma duração.

Se for distribuir folhetos, organize-se para que sejam entregues no momento correto. Se eles fizerem parte do material da apresentação, informe ao público de antemão que entregará um resumo da palestra. Assim você evita que eles tomem notas e acabem deixando de prestar atenção no que você está dizendo e se distraindo.

Saiba quando é hora de parar de falar, o que talvez seja muito antes do que você gostaria. Quando estiver ensaiando em casa, use um cronômetro para medir não só a duração da apresentação, mas também quanto tempo é gasto em cada parte. Se uma parte for muito longa ou muito curta, faça os ajustes necessários. Para terminar a apresentação, faça um resumo dos pontos principais da mesma forma que faria na conclusão de um artigo. Termine sua fala com uma consideração interessante ou uma frase de impacto. Deixe seus ouvintes satisfeitos e com uma impressão positiva. Não exagere nas observações finais. Agradeça à plateia e sente-se.

Se houver uma sessão de perguntas e respostas, escute atentamente às perguntas, responda a elas e ajuste sua linguagem se perceber que não está conseguindo se conectar com a plateia. Lembre-se: a comunicação é fundamental para uma apresentação de sucesso; o significado do que você diz é atribuído pelos ouvintes; mesmo que perceba que eles não o entenderam bem, você deve se responsabilizar pelo mal-entendido.

Não passe muito tempo respondendo a uma única pergunta. Se sentir que o tempo está acabando, prepare a plateia dizendo: "Vou responder só a mais uma ou duas perguntas." Depois disso, agradeça ao público novamente. Acabou. Você conseguiu.

E esteja sempre preparado para o inesperado!

Leia um trecho de *Como evitar preocupações e começar a viver*

Que tal uma receita rápida e certeira para lidar com preocupações – uma técnica que você pode começar a usar imediatamente?

Vou lhe apresentar o método desenvolvido por Willis H. Carrier, o brilhante engenheiro que criou a indústria de condicionadores de ar e dirigiu a mundialmente famosa Carrier Corporation, em Syracuse, Nova York. É uma das melhores técnicas que já conheci para aliviar as preocupações. O próprio Carrier me falou dela um dia quando estávamos almoçando juntos no Clube de Engenheiros de Nova York.

"Quando jovem, eu trabalhava para a Buffalo Forge Company em Bufallo, Nova York. Recebi a tarefa de instalar um dispositivo de limpeza de gás em uma fábrica da Pittsburgh Plate Glass Company em Crystal City, Missouri, uma fábrica que custara milhões de dólares. O propósito da instalação era remover as impurezas do gás de modo que ele fosse queimado sem danificar os motores. Esse método de limpeza de gás era novo, só havia sido testado uma vez antes, e sob condições diferentes. No meu trabalho em Crystal City, surgiram dificuldades imprevistas. O método funcionou de certo modo, mas não suficientemente bem para cumprir a garantia que tínhamos dado."

Carrier ficou atordoado com o fracasso. Nem conseguia dormir, de tanta preocupação. "Finalmente o bom senso me lembrou que a preocupação não estava me levando a lugar nenhum; portanto achei uma maneira de lidar com meu problema sem me preocupar." Funcionou maravilhosamente bem, e ele usa essa mesma técnica para todos os outros problemas que aparecem. Consiste em três passos:

I. *Analisar a situação de maneira corajosa e honesta e entender o que pode acontecer de pior como resultado daquele fracasso.* "Ninguém iria para a cadeia ou daria um tiro em mim", ponderou Carrier. "Talvez eu perdesse meu cargo e os 20 mil dólares que tínhamos investido."

II. *Depois de concluir o que de pior pode ocorrer, resignar-se a aceitar aquilo, se necessário.* "Eu disse a mim mesmo: esse fracasso será um golpe no meu histórico profissional e talvez eu perca meu emprego; caso isso aconteça, sempre posso conseguir outro, mesmo que em condições piores. Depois de descobrir o pior que poderia acontecer e de me resignar a isso, algo extremamente importante aconteceu: relaxei e fui tomado por uma sensação de paz que não sentia havia dias."

III. *Dedicar seu tempo e sua energia a melhorar, com calma, o pior que você já tiver aceitado internamente.* Depois de aceitar a situação e pensar em como melhorá-la, Carrier conseguiu reverter suas perdas financeiras: "Eu dificilmente teria conseguido isso se tivesse continuado naquele estado de preocupação. Uma das piores características desse sentimento é que ele destrói nossa capacidade de concentração. Quando nos preocupamos, nossa mente salta de lá para cá e perdemos a capacidade de tomar decisões. Porém, se nos obrigamos a encarar o pior e a aceitá-lo, eliminamos esses pensamentos vagos e conseguimos nos concentrar no problema. Essa estratégia funcionou tão maravilhosamente bem que passei a utilizá-la desde então. Graças a isso, tenho vivido quase sem preocupações."

Por que a fórmula mágica de Willis H. Carrier é tão valiosa e prática do ponto de vista psicológico? Porque ela nos tira das grandes nuvens cinzentas que tateamos quando estamos cegos de preocupação e pousa nossos pés com firmeza no chão. Sabemos onde estamos pisando. Se não tivermos um terreno sólido sob nós, como teremos esperanças de resolver o problema?

Portanto, se você tem um problema com preocupação, aplique a fórmula mágica de Willis H. Carrier adotando estas três atitudes:

1. Pergunte a si mesmo: "O que de pior pode acontecer?"
2. Prepare-se para aceitar o pior, se for preciso.
3. Então trabalhe calmamente para melhorar o pior.

CONHEÇA OS LIVROS DE DALE CARNEGIE

Como fazer amigos e influenciar pessoas

Como evitar preocupações e começar a viver

Como fazer amigos e influenciar pessoas na era digital

Como falar em público e encantar as pessoas

Como se tornar inesquecível

Como desfrutar sua vida e seu trabalho

Como ser bem-sucedido nos dias de hoje

As 5 habilidades essenciais dos relacionamentos

Liderança

Escute!

Venda!

Conecte-se!

CONHEÇA ALGUNS DESTAQUES DE NOSSO CATÁLOGO

- Augusto Cury: Você é insubstituível (2,8 milhões de livros vendidos), Nunca desista de seus sonhos (2,7 milhões de livros vendidos) e O médico da emoção
- Dale Carnegie: Como fazer amigos e influenciar pessoas (16 milhões de livros vendidos) e Como evitar preocupações e começar a viver
- Brené Brown: A coragem de ser imperfeito – Como aceitar a própria vulnerabilidade e vencer a vergonha (900 mil livros vendidos)
- T. Harv Eker: Os segredos da mente milionária (3 milhões de livros vendidos)
- Gustavo Cerbasi: Casais inteligentes enriquecem juntos (1,2 milhão de livros vendidos) e Como organizar sua vida financeira
- Greg McKeown: Essencialismo – A disciplinada busca por menos (700 mil livros vendidos) e Sem esforço – Torne mais fácil o que é mais importante
- Haemin Sunim: As coisas que você só vê quando desacelera (700 mil livros vendidos) e Amor pelas coisas imperfeitas
- Ana Claudia Quintana Arantes: A morte é um dia que vale a pena viver (650 mil livros vendidos) e Pra vida toda valer a pena viver
- Ichiro Kishimi e Fumitake Koga: A coragem de não agradar – Como se libertar da opinião dos outros (350 mil livros vendidos)
- Simon Sinek: Comece pelo porquê (350 mil livros vendidos) e O jogo infinito
- Robert B. Cialdini: As armas da persuasão (500 mil livros vendidos)
- Eckhart Tolle: O poder do agora (1,2 milhão de livros vendidos)
- Edith Eva Eger: A bailarina de Auschwitz (600 mil livros vendidos)
- Cristina Núñez Pereira e Rafael R. Valcárcel: Emocionário – Um guia lúdico para lidar com as emoções (800 mil livros vendidos)
- Nizan Guanaes e Arthur Guerra: Você aguenta ser feliz? – Como cuidar da saúde mental e física para ter qualidade de vida
- Suhas Kshirsagar: Mude seus horários, mude sua vida – Como usar o relógio biológico para perder peso, reduzir o estresse e ter mais saúde e energia